中国传统村落记忆

湖南卷

中华农业文明研究院文库 中国农业文化遗产丛书

王思明 主编

吴昊 霍晓丽 著

中国农业科学技术出版社

图书在版编目（CIP）数据

中国传统村落记忆·湖南卷/王思明主编；吴昊，霍晓丽著.
—北京：中国农业科学技术出版社，2018.12
ISBN 978-7-5116-3683-6

Ⅰ.①中… Ⅱ.①王… ②吴… ③霍… Ⅲ.①村落—介绍—湖南 Ⅳ.①K928.5

中国版本图书馆CIP数据核字（2018）第095201号

责任编辑　朱　绯　李　雪
责任校对　李向荣

出 版 者	中国农业科学技术出版社
	北京市中关村南大街12号　邮编：100081
电　　话	（010）82106626（编辑室）　（010）82109702（发行部）
	（010）82109709（读者服务部）
传　　真	（010）82106626
网　　址	http://www.castp.cn
发　　行	全国各地新华书店
印 刷 者	北京科信印刷有限公司
开　　本	710 mm×1 000 mm　1/16
印　　张	12
字　　数	202千字
版　　次	2018年12月第1版　2018年12月第1次印刷
定　　价	96.00元

版权所有·侵权必究

《中国传统村落记忆》编委会

顾问	任继周　刘　旭

主编	王思明

编委	曹幸穗　樊志民　闵庆文　苑　利　李建军
	郑友贵　王建革　衣保中　张法瑞　倪根金
	王景新　惠富平　盛邦跃　严火其　李　群
	沈志忠　包　平　卢　勇　丁晓蕾　夏如兵
	朱　绯　李　明　刘馨秋　李昕升　伽红凯
	何红中　吴　昊

总 序

中国自古以农立国，农耕文化是中华文明的根脉，而传统村落是农业文化的载体，丰富多样的农业文化大多以各种形态、各种组合融合于村落。传统村落镌刻着农业、农村和农民发展的历史印记，积淀了数千年的农耕精华，是认识和传承中华农业文明的重要物质基础。

然而，近百年来，随着工业化和城市化的快速发展，经济和社会结构发生重大变化，农村人口日渐减少，传统村落逐渐消失，传统农业生产和生活方式、农业文化、乡风民俗、特色民居面临彻底湮没的威胁，承载着中国五千年文明的传统村落正处于被终结的过程之中。如果我们不能留住历史的脚步，我们是否应当留存一些历史的记忆？有鉴于此，十多年前南京农业大学中华农业文明研究院着手中国农业文化遗产的调查工作，并利用这些宝贵资料陆续编撰出版了《江苏农业文化遗产调查研究》《江苏茶文化遗产调查研究》《中国农业文化遗产名录》《中国农业文化遗产保护研究》等专著。2016年，我们又启动了《中国传统村落记忆》丛书的编撰工作。

"欲将开物以成务，必先分类而知名。"传统村落的调查研究也是农业文化遗产系统的调查研究。但哪些算是农业文化遗产？我们在梳理古今中外相关学术成果的基础上，提出了一个更为系统全面的概念和分类体系。我们认为农业文化遗产是历史时期人类农事活动中发明创造、积累传承的具有历史、科学和人文价值的物质、非物质及物质与非物质融合的综合体系。这里的农业是大农业的概念，在生产领域包括农、林、牧、渔各个门类；在生产环节上既包括

农业的产中，也包括农业的产前和产后；在参与要素上，既包括农业活动的主体、对象，也包括农业生产的环境，实际上是一个农民、农业生物、农业技术、农业环境及农业制度与文化"五位一体"的一个综合体系。根据农业文化遗产的主要特点又分为10个类别，即：农业物种、农业遗址、农业工程、农业景观、农业聚落、农业工具、农业技术、农业文献、农业特产和农业制度与民俗等。我们的调查研究及丛书的撰写大多以此为理论依据展开。

以往学界对于传统村落的研究也有不少，我们的丛书与以往的偏重单项或某一方面文化遗产的研究不同，更加综合和系统。例如因工作重心的不同，住房城乡建设部和国家文物局系统较关注古桥、古井、古祠、古庙和古民居等建筑文化遗产，重其形，而缺其魂；文化和旅游部系统多注重民间艺术和技艺等非物质文化遗产内容，但对农村经济活动的主体——农业生产关注不多。我们的调查研究希望将物质与非物质文化融为一体，将农业、农村、农民融为一体来进行分析。

为了挖掘传统村落的文化价值和传承意义，住房城乡建设部等部门于2012年、2013年、2014年和2016年先后进行了四批中国传统村落的评选工作，共有4 153个村落入选名录；文化部做了系统的非物质文化遗产的普查工作；农业部也在全球重要农业文化遗产（GIAHS）推介和保护的同时于2012年启动了中国重要农业文化遗产（NIAHS）的遴选工作，截至目前已经有4批91个农业文化遗产点入选。这些标志着中国对传统村落的关注日渐提高，工作成效显著。随着人们对传统村落认识的不断深入，其蕴藏的丰富历史信息和文脉特征正日益凸显。

习近平总书记要求我们在新农村建设中要留得住绿水青山，记得住乡愁。乡愁，是珍贵灿烂的农业遗产，是丰富的物质农业文化形态和多彩的非物质农

业文化内涵，也正是传统村落所承载的乡土文化和农耕文明的记忆。如何保护好祖先留下的遗产，为子孙后代留存这厚重的"乡愁"，是我们面临的巨大挑战。

中国幅员辽阔，农业历史悠久，传统村落由不同民族在不同的历史时期和自然环境中创造出来，具有文化与自然遗产的多元价值和丰富的文化多样性。同时，由于区域自然地理条件、经济发展水平、社会文化背景以及城镇化发展水平等不同因素的影响，造成各地传统村落留存状态存有巨大差异。因此，对各地传统村落进行系统挖掘、记录和梳理，既是留存村落记忆的重要途径，也是开展研究、保护与利用工作的基础。

《中国传统村落记忆》丛书是中国第一部以传统村落文化资源调查为主要内容的大型学术著作。它以传统村落为对象，系统梳理传统村落资源，将物质与非物质农业文化遗产融为一体，使之形神兼备，同时深入挖掘农业遗产价值，抢救留存传统村落记忆，旨在成为中华文脉赓续和文化创新的基础学术工程。

《中国传统村落记忆》丛书约30卷，以省区市为单位，以已经入选中国传统村落名录的村落为基础，系统梳理传统村落的文化构成及历史积淀。各卷基本内容包括区域自然环境、历史变迁，重点探讨该省区市传统村落的数量、分布、特征和特色；对该省区市最具代表性和典型性的村落进行个案描述，注重不同类型村落典型性的选择，突出重点，突出特色；同时搜集反映村落文化遗产典型特征和特色的照片或图片，以期呈现传统村落的真实面貌。传统村落中近现代发展起来的工业类文化遗产、城镇化文化遗产不属于调查和收录范围。

留存历史的记忆不是要回到过去，而是要不忘初心，传承中华民族的文化

精华；回溯历史的痕迹也不是要固守过往的生产和生活方式，而是要汲取先人的经验和智慧，构建一个经济、社会和生态更加和谐且可持续发展的世界。以传统村落为载体的传统农耕文化是人类数千年智慧的结晶，在今天乡村振兴战略的实施中可以发挥独特的作用：天、地、人、稼和谐统一的思想理念是今天可持续发展的理论基石；因地制宜、用养结合的生产体系是今天绿色发展的技术指南；数千年创造积累的农业品种资源是今天农业创新的重要物质基础；注重礼仪和人文的乡村社会是今天构建和谐社会珍贵的文化资源。可见，传统村落和传统文化不仅关乎过去，更加关系未来，我们留存历史记忆，传承传统文化，也就是守护我们的精神家园。

王思明

2018 年 9 月

目 录

绪 论 ……………………………………………………………………… 001

第一章 湖南传统村落基本情况

第一节 湖南省概况 …………………………………………………… 017
 一、地理概况 ………………………………………………………… 017
 二、历史悠久 ………………………………………………………… 018
 三、旅游胜地 ………………………………………………………… 018
 四、交通便利 ………………………………………………………… 019
 五、地形多样、矿产丰富 …………………………………………… 020
 六、生物资源多样化 ………………………………………………… 020
第二节 湖南传统村落概况 …………………………………………… 021
第三节 湖南传统村落的耕读文化 …………………………………… 023
 一、耕读文化的意蕴 ………………………………………………… 023
 二、耕读文化的载体 ………………………………………………… 028
 三、传统村落耕读文化的发展思路 ………………………………… 032

第二章 农业景观型传统村落

第一节 湘西土家族苗族自治州古丈县高峰乡岩排溪村 …………… 039
 一、概 述 …………………………………………………………… 039

　　二、传统记忆 …………………………………………………………… 040
　　三、保护现状 …………………………………………………………… 042
第二节　邵阳市隆回县虎形山瑶族乡崇木凼村 ………………………………… 042
　　一、概　述 ……………………………………………………………… 042
　　二、传统记忆 …………………………………………………………… 043
　　三、保护现状 …………………………………………………………… 046
第三节　怀化市溆浦县葛竹坪镇山背村 ………………………………………… 048
　　一、概　述 ……………………………………………………………… 048
　　二、传统记忆 …………………………………………………………… 048
　　三、保护现状 …………………………………………………………… 053

第三章　农业习俗型传统村落

第一节　怀化市洪江市洗马乡古楼坪村 ………………………………………… 057
　　一、概　述 ……………………………………………………………… 057
　　二、传统记忆 …………………………………………………………… 059
　　三、保护现状 …………………………………………………………… 064
第二节　湘西土家族苗族自治州花垣县排碧乡板栗村 ………………………… 065
　　一、概　述 ……………………………………………………………… 065
　　二、传统记忆 …………………………………………………………… 068
　　三、保护现状 …………………………………………………………… 072
第三节　湘西土家族苗族自治州吉首市矮寨镇德夯村 ………………………… 073
　　一、概　述 ……………………………………………………………… 073
　　二、传统记忆 …………………………………………………………… 074

三、保护现状 ··· 078

第四章　农业聚落型传统村落

第一节　岳阳市岳阳县张谷英镇张谷英村 ························· 083
　　一、概　况 ··· 083
　　二、传统记忆 ··· 084
第二节　益阳市安化县马路镇马路溪村 ····························· 088
　　一、概　况 ··· 088
　　二、传统记忆 ··· 089
　　三、保护现状 ··· 091
第三节　湘西土家族苗族自治州龙山县苗儿滩镇捞车村 ····· 092
　　一、概　况 ··· 092
　　二、传统记忆 ··· 095
　　三、保护现状 ··· 098

第五章　其他类型传统村落

第一节　农业技艺型传统村落 ·· 105
　　一、衡阳市衡东县甘溪镇夏浦村 ···································· 105
　　二、永州市双牌县理家坪乡坦田村 ································ 106
　　三、邵阳市绥宁县东山侗族乡东山村 ····························· 107
　　四、湘西土家族苗族自治州凤凰县山江镇凉灯村 ············ 108

第二节 农业物种与特产型传统村落 ·· 110

    一、永州市零陵区富家桥镇干岩头村 ·· 110

    二、长沙市浏阳市大围山镇楚东村 ·· 111

    三、湘西土家族苗族自治州花垣县边城镇磨老村 ···························· 112

    四、湘西土家族苗族自治州龙山县靛房镇万龙村 ···························· 114

    五、永州市宁远县禾亭镇小桃源村 ·· 115

第六章　湖南少数民族传统村落的宗教记忆

第一节 湖南少数民族传统村落的宗教仪式 ······································ 121

    一、山江苗寨的地理位置与自然环境 ·· 122

    二、山江苗寨的历史沿革与社会状况 ·· 123

    三、山江苗寨的苗族族源和宗教信仰 ·· 124

    四、山江苗寨的求雨仪式 ·· 133

    五、山江苗寨的民间宗教信仰解读 ·· 137

第二节 湖南少数民族传统村落土地神崇拜风俗 ································ 139

    一、东部苗族土地神崇拜概述 ··· 140

    二、高坳村土地神祭祀活动实录 ·· 142

    三、黄毛坪村合寨祭祀高坡土地神仪式 ······································· 150

    四、东部苗族土地神崇拜的解读 ·· 151

第三节 湖南少数民族传统村落的"巴代"记忆 ································ 156

第七章 湖南传统村落记忆传承展望

第一节 湖南历史文化与湖南传统村落记忆 …………………………… 161
  一、湖南历史文化是湖南传统村落记忆的历史载体 ………………… 161
  二、湖南历史文化是湖南传统村落记忆的精神资源 ………………… 162
  三、湖南历史文化是湖南传统村落记忆的文化资源 ………………… 163
第二节 湖南传统村落记忆的人文内核 ………………………………… 164
  一、湖南传统村落建设要重视人文精神 ……………………………… 164
  二、开发和维修过程中需要体现出人文关怀 ………………………… 165
  三、区域人文历史传统和时代精神的融汇 …………………………… 167
  四、以创新的理念推进传统村落文化建设 …………………………… 169
第三节 对湖南传统村落保护与开发的建议 …………………………… 172
  一、湖南传统村落保护和发展中存在的问题 ………………………… 172
  二、找准特色、彰显特色，挖掘独特性 ……………………………… 174
  三、大力发展具有鲜明地方特色的旅游产业 ………………………… 175
  四、大力扶持传统村落中的老字号 …………………………………… 176
  五、因地制宜，优化资源配置 ………………………………………… 177

绪 论

绪 论

中国有数千年的历史，传统村落是最好的历史见证，也是农业文化遗产的主要载体。传统村落中蕴含着十分宝贵的历史与文化价值。2012年12月住房城乡建设部、文化部、财政部联合下发的《关于加强传统村落保护发展工作的指导意见》指出："传统村落承载着中华传统文化的精华，是农耕文明不可再生的文化遗产。传统村落凝聚着中华民族精神，是维系华夏子孙文化认同的纽带。传统村落保留着民族文化的多样性，是繁荣发展民族文化的根基。"

湖南省是传统村落较为集中的地区，其本身具有独特的农业文化，还拥有众多具有少数民族特色的传统村落，如湘西苗疆民间信仰就是苗族传统文化的重要组成部分，同时又是构建湖南传统农业文化的重要组成部分，且深刻影响着湘西的地方社会。另外，湖南传统村落大部分依然是由士绅、知识分子阶层来引导的，并不代表普通民众的传统认识和实践方式，这中间就存在着很多的冲突与矛盾。加之，还有当地村落宗教、文化与外来宗教、文化的冲突也是影响地区和谐的重要因素。

因此，从垂直立场观察湖南传统村落，冲突和矛盾的挖掘调查是不容忽视的研究内容之一。遗存至今的湖南民间信仰是地方民间文化的代表，既蕴涵着远古先民原始的智慧，又积淀了传统农业文化的精华，更关系着国家主流意识形态。它根植于民众的日常生活，在与国家大传统碰撞、交融过程中，完成自身在地方社会中的演变与发展。同时，人们的辛勤劳作以及经验积累形成了各具特色的民居，这些民居巧妙融合了历史、地理、自然、山川、河流、人文等多种因素，形成人与自然的和谐统一，并形成了各具特色的传统村落。这些村落从空间形态、选址，乃至布局都显示出中国古代人民的智慧。所以，对湖南传统农业村落进行调查和保护，不仅是一份历史传承，更会增进国家对地方社会舆情的了解，具有十分重要的学术意义和现实意义。

因此，对湖南传统村落的研究早已开始。近代以来，湖南传统村落的通论性研究成果散见于调查报告、民族史、民族志、风俗志中。尽管这些著述存在记载略显偏颇、缺乏解释力、仍停留在文化表层等问题，但还是将湖南传统村落做了全景式的展示。这些研究的主体是近代以来进入湖南地区的外国传教士、旅行家、探险家、军人、商人等，他们在湖南进行游历或考察，并将沿途所见所闻记录下来编纂成册，相关内容散见于英国军官布勒契斯顿的《在长江上五个月》(1862)、法国传教士邓保禄的《罗罗和苗民》(1891)等著述中。这些对于苗族民间宗教信仰的记录大多出于猎奇目的，并且带有浓厚的主观色彩。不过，这些资料对于记录当时湖南传统村落的情况具有十分重要的参考价值。

真正的湖南传统村落研究是从改革开放之后开始的，尤其是中国共产党第十八次全国代表大会报告中明确提出："面对资源约束趋紧，环境污染严重，生态系统退化的严峻形势，必须树立尊重自然、顺应自然、保护自然的生态文明理念，把生态文明建设放在突出地位，融入经济建设、政治建设、文化建设、社会建设各方面和全过程，努力建设美好中国，实现中华民族永续发展。"2013年12月12—13日召开的中央城镇化工作会议提出："要注意保留村庄原始风貌，慎砍树、不填湖、少拆房，尽可能在原有村庄形态上改善居民生活条件。"在中央文件指示下，湖南传统村落的相关研究呈现百花齐放、百家争鸣的局面。

一、湖南传统村落的保护与发展规划研究

湖南传统村落的保护与发展规划研究主要分为：村落整体战略研究、村落保护评价体系研究、旅游价值与开发研究、村落空间分布与保护研究四个方面。

村落整体战略研究是在国家社会主义新农村建设发展战略背景下，就湖南村落经济发展中存在着集体经济模式薄弱、以家庭种植业为主的发展模式以及非农产业逐步发展为研究基点，提出了湖南传统村落在发展过程中的十三个战略模式：以经济示范区为轴心、以素质提升为导向、以养老医疗保险为主体、以基层民主建设为突破口、以合作经济组织为龙头、以调整权力结构为核心、以培养新型农民为目标、以创新为宗旨、以湖湘文化为特色、以完善功能为基点、以培养精英阶层为手段、以价值观转型为契机、以村庄建设规划为依托。① 这些研究较为明确地指出了湖南传统村落需要在经济发展、社会保障、制度文明、农村治理、农村教育、科技

---

① 谢玉华：《湖南村落经济发展问题及政府职责》，《湖南大学学报(社会科学版)》2003年第2期，第52-55页；黄正泉：《湖南社会主义新农村建设的发展战略模式研究》，《湖南行政学院学报》2006年第5期，第32-33页。

发展、村落文化、社区治理等方面开展工作,较为完整地提出了湖南传统村落的发展目标,具有十分明确的政策指向性。

村落保护评价体系主要是指在湖南传统村落文化的传承上需要建立起评价与实证体系。这就需要运用理论、目标、实证三种分析手段相结合的方法,对湖南传统村落进行整体性评估,并且对各村落间的差异进行梳理,建立起包含严格传承、良好传承、较好传承、一般传承和较差传承五个评价标准的理论评价体系[1]。与此同时,兼用地理与人文环境的评估,对湖南村落微观的传统住宅、中观的建筑肌理、宏观的整体村落格局三个层面,提出湖南传统村落发展和保护的标准化建议[2]。进而,为湖南传统村落保护建立标准化评价体系。

旅游价值与开发是湖南传统村落的主要发展趋势,所以有很多学者对此都有关注,主要关注旅游资源、旅游景观、旅游文化等方面。针对旅游资源的研究多数都以传统村落中的历史、农耕、建筑遗迹以及少数民族图腾为主要研究对象,并且进行更为细化的分类[3]。旅游景观研究主要针对建筑、文化、环境、聚落等布局进行有效识别,由此勾勒出这些景观的特征,并在此基础上挖掘其存在的旅游价值,从而为深度旅游区分提供参考[4]。在旅游文化方面,重点挖掘湖南传统村落中的历史文化,诸如教育、哲学或生态观念[5]。

村落空间分布与保护研究就是引入村镇感应空间理论分析湖南传统村落。村镇感应空间理论脱胎于城市感应空间理论,主要研究村落中的人在实际生活或感悟中所感觉到的(听觉、视觉、嗅觉等)以及对整个过程的反映,包括行为环境、感应

---

[1] 杨立国,刘沛林:《传统村落文化传承度评价体系及实证研究——以湖南省首批中国传统村落为例》,《经济地理》2017年第12期,第203-210页。

[2] 周可婧,何峰:《从更新到复兴——湘南传统村落保护与可持续发展策略探讨》,《中外建筑》2017年第3期,第58-61页。

[3] 向清成,等:《湖南庙前旅游资源评价与深度开发研究》,《衡阳师范学院学报》2013年第6期,第56-60页。

[4] 胡最,等:《湖南省传统聚落景观基因的空间特征》,《地理学报》2013年第2期,第219、226页。

[5] 王葆华,等:《湖湘古村镇历史文化特征研究》,《四川建筑科学研究》2013年第4期,第307-309页。

环境、操作环境（人类活动的部分）、绝对客观环境四部分，并且考察人们对环境在行动上的态度、动机、信念和期望等反应。这种理论的运用出现在 20 世纪 90 年代末，主要对具有浓厚封闭、保守、内向等文化特征的湖南传统村落进行全方位调查，分析传统村落中人与建筑、人与居住环境、人与村落之间形成的凝聚空间反应特点，得出了湖南传统村落具有注重和谐与亲情的共性结论①。显然，这套理论对进一步深入了解传统村落中村民在保护和发展过程中的心理变化，具有很高的参考价值，是非常前沿的一种理论。此外，村落空间分布与保护研究以空间分布和公共空间为切入点，通过运用 ArcGIS 空间分析工具，分析影响湖南传统村落分布的重要因素。②就是引入当代公共性理论及公共空间研究，从而指出湖南传统村落的空间肌理与住宅模式的结合有集中型、组团型、散漫型三种类型，从而探讨了传统村落中隐性公共空间的作用以及与村落显性外部空间之间的关系③。

二、湖南传统村落的乡村记忆研究

乡村记忆研究首先兴起于国外，主要集中于以档案为代表的历史信息资源在社会记忆、族群认同上发挥的作用。比如莫里斯·哈布瓦赫（Maurice Halbwachs）认为，社会记忆的主体包括"现实社会的组织或群体，包括家庭、家族、国家、民族或公司、机关等，都有其对应的集体记忆"，并认为保留至今的文献遗产，诸如声像、古籍、实物、建筑遗物等，都是社会记忆的载体，都具有保存乡村独特的根源记忆的作用。相比国外研究，国内研究主要集中于档案与社会记忆，更多强调传统村落记忆中档案起到的存储、保护和延续的作用，并需要在此过程中协调好官方力

---

① 刘沛林：《湖南传统村镇感应空间规划研究》，《地理研究》1999 年第 3 期，第 66-71 页。
② 李伯华，等：《湖南省传统村落空间分布特征及影响因素分析》，《经济地理》2015 年第 2 期，第 189-194 页。
③ 卢健松，等：《当代村落的隐性公共空间：基于湖南的案例》，《建筑学报》2016 年第 8 期，第 59-65 页。

量和民间力量的统一。① 在此理论指导下,研究主要集中于四个部分:乡村记忆新模式的探讨②、以档案之力推进传统村落记忆的留存③、传统村落档案实体管理(收集、整理和鉴定保管)、对村落历史记忆作用以及乡村档案记忆建构三大路线:打造乡村记忆特色品牌、加强乡村档案文化设施和阵地建设、注重乡村档案文化深度开发和宣传引导④。其核心就是乡村档案在保护和传承传统村落文化方面具有非常重要的作用。

三、湖南传统村落的传统应用研究

湖南传统村落的传统应用研究主要集中于四个方面:历史遗迹功能、艺术形式、哲学思想和聚落景观。

历史遗迹功能研究主要是全面考察湖南传统村落的选址、空间形态、防火、建筑装饰等特征,并以里坊制、坊巷制和街巷式的历史和文献资料为依据,通过对湖南传统村落形态的分析,总结了街巷式村落形态特点,在社会经济功能方面论述了村落生存和发展的文化因子。⑤ 从湖南传统民居的建筑生态特性和文化审美意蕴角度进行深入研究,揭示了湖南传统村落民居的生态精神受传统哲学思想支配,体现了传统哲学观念和生态观念的有机联系和统一。

艺术形式研究主要是从歌舞艺术与建造仪式角度对具有少数民族特色的村落进行研究。歌舞艺术研究方面主要是从精神旨归、崇拜意识和表演形式三个角度探讨湖南少数民族歌舞背后的生活背景、艺术诉求、民族个性、民族历史积淀以及表演

---

① 王萍,卢林涛:《传统村落档案研究——现状、困境与展望》,《档案学研究》2017年第2期,第15-20页。
② 张燕,丁华东:《乡村记忆展演:乡村档案资源开发的新视角》,《档案学通讯》2016年第3期,第4-8页。
③ 王云庆:《保护传统村落 留存乡村记忆》,《城乡建筑》2015年第1期,第66-67页。
④ 陈燕萍:《乡村档案记忆建构路径》,《浙江档案》2013年第2期,第61页。
⑤ 伍国正,等:《湖南传统村落的防御性特征》,《中国安全科学学报》2007年第10期,第9-14页;伍国正,吴越:《传统村落形态与里坊、坊巷、街巷——以湖南省传统村落为例》,《华中建筑》2007年第4期,第90-92页。

风格[1]。这一研究弥补了以往研究重村落实体保护，而忽略村落个性文化传承的不足，为湖南传统村落保护提出了更深层次的追问与探索，具有抛砖引玉的学术作用。建造仪式则是通过建造房屋前、建造房屋过程中、建造房屋后举行的一系列仪式展现出的传统村落里人们的生存状态、思维方式及建筑文化、工匠文化以及独特的民族民俗文化和艺术特征[2]。这样就能更全面地了解传统村落的建筑与乡土仪式之间的关系以及传统村落保护中文化因素的作用。

哲学思想主要指的是传统儒家思想。其研究核心是儒家哲学思想对湘南古民居的影响，在建筑形式上表现出诸如"天人合一"和谐思想、"崇中尚和"中庸思想、"尊卑有序"礼乐规范[3]，并且通过对传统村落中宗祠的现状、选址、平面布局、功能及其演变等具体现状进行分析和研究[4]，从而全面展现传统儒家思想在传统村落中的文化传承作用。

聚落景观更多关注传统村落景观的布局，集中探讨的是以传统文化为核心建立的聚落景观对古村整体的影响，深入挖掘过往村落生活的样貌以及未来如何延续的问题。其主要通过类型学方法，就景观与村落规划布局间关系进行深入探讨[5]，并且进一步对古村（图1）的水口、溪流、泉水、井台、月塘、水圳、桥、古梁、古廊、风水塔详细分析，挖

图1 板梁古村

---

① 周祖权：《浅析湘西少数民族聚居村落民间歌舞艺术传承的方法与途径》，《大众文艺》2016年第17期，第6页。
② 罗明金：《武陵山片区乡土民居建造仪式对传统村落的保护》，《山西建筑》2017年第10期，第1-2页。
③ 刘新德：《儒家哲学思想对湘南古民居的影响》，《建筑科学》2009年第4期，第15-19页。
④ 王美群，等：《基于宗祠保护和利用的郴州乡村聚落规划探析》，《湖南农业大学学报（自然科学版）》2012年S1期，第146-149页。
⑤ 黄智凯：《郴州板梁古村水系景观类型初探》，《河北林业科技》2010年第2期，第32-33页。

掘出湖南传统村落中的景观空间体系[①]。另外，有学者通过此类方法总结了湖南传统村落的景观空间有六种基本类型：向心圆环式、扇形扩张式、多向扩张式、条带式、离散式与组团式，并形成"界域"与"街—巷—码头"的布局规律，同时具有典型的风水意象特征。[②] 由此可以看出湖南传统村落是融地域性、民族性、文化性等特征于一身的完整体系。

四、湖南传统村落的个案研究

21世纪以来，湖南传统村落研究逐渐向微观发展，即对具体某个村落进行研究，其最大优点在于更有针对性、更具真实性。这样的个案研究比比皆是，其中研究较为深入的有张谷英村、上甘棠村、湘西苗儿滩古镇惹巴拉村（图2，图3）等。

图2 惹巴拉村（吴吴）

图3 惹巴拉村大门（吴吴）

张谷英村的研究具有一定的典型性。首先，有学者从哲学角度分析了张谷英村在村落选址、空间布局、艺术人文及传统社会都融入了"天人合一"的思想，是

[①] 黄智凯，等：《郴州板梁古村水系景观的空间形式及特质简析》，《南方农业（园林花卉版）》2010年第6期，第23—26页。
[②] 胡最，等：《湖南省传统聚落景观基因组图谱的空间形态与结构特征》，《地理学报》2018年第2期，第317—332页。

图4 张谷英村当大门

图5 上甘棠村村景

传统村落中将人居环境营造与传统文化观有机统一的典范[1]（图4）。其次，运用人居环境科学理论，提出整治规划应当包括七个方面：土地利用规划、文化遗产保护、一般民居整治、生态保护与景观环境整治、公共设施整治、经济发展策略和建设管理措施等，是构建名村综合整治的基本框架[2]。最后，以张谷英村的传统资源为切入点，阐述了结合传统资源的乡村规划布局和新村发展措施，并且提出结合传统建筑技术和有形院落向无形院落转化等新地域建筑设计理念[3]。另外，价值评估、发展规划、保护策略等方面，有许多学者对张谷英村进行了多角度研究。

研究其聚落形态形成与当地风水自然观、理学文化、氏族文化均有密切关系[4]的上甘棠村（图5）。亦有研究其生态环境保持良好、传统历史记忆保存较为完整、古风古韵浓厚的永州龙溪古村[5]。还有研究其保护过程中产生的诸如建筑风貌破

---

[1] 杨利：《古村落和谐人居环境特色分析——以湖南张谷英村为例》，《长沙铁道学院学报（社会科学版）》2009年第4期，第193-194页。
[2] 何峰，等：《基于人居环境科学视角的历史文化名村整治规划研究——以湖南省张谷英村为例》，《热带地理》2012年第5期，第457-463页。
[3] 王君君，等：《乡村建筑与传统资源相结合的建设模式探索——以环洞庭湖地区张谷英村建设方案为例》，《中外建筑》2016年第4期，第71-73页。
[4] 李旭，巫纪光：《湖南省江永县上甘棠村聚落形态与氏族文化脉络》，《华中建筑》2009年第8期，第234-237页。
[5] 邬登峰，等：《从龙溪古村看湘南古村落保护》，《中外建筑》2014年第9期，第88-90页。

坏严重、二次保护的破坏、基层保护意识不强等问题的惹巴拉村[①]等。这些个案研究都具有较高的学术价值，同时都提出了湖南传统村落应在整体性保护、可持续发展、保持历史原真性、公众参与、科学编制等原则下，进行保护、开发与发展。

五、湖南少数民族传统村落研究

湖南少数民族传统村落主要以苗族、侗族、土家族等为主，尤其湘西土家族苗族自治州是湖南唯一以少数民族命名的地区，故而苗族和土家族是学界重点研究的对象。

对湖南苗族的研究始于20世纪二三十年代，成果以凌纯声、芮逸夫的《湘西苗族调查报告》和石启贵的《湘西苗族实地调查报告》为代表，其开创了民间信仰研究的典型范例。两部著作都设有专章记录苗族农村仪式、信仰以及农村的生产状况，再现了民国时期苗族村落的状况。其他具有影响力的著作有《中国民族史》苗族部分和《苗族通史》《中国苗族通史》《湖南少数民族史》《苗族历史考探》等。进入20世纪80年代以后，国内各学科学者相继出版了与湘西苗疆民间信仰相关的民族志专著，学者们在政府重视苗族传统文化的发掘和保护背景下，通过文献考证、实地调查，编写了一大批有关少数民族的丛书，如国家民委编著的《民族问题五种丛书》，其中不少专著都有湘西村落情况的记载，但是相对来说比较宏观，微观的描述相对较少。还有一些研究散见于民俗学相关论著中，如胡朴安主编的《中华全国风俗志》和郑十友编著的《中国民俗通志·信仰志》皆有湘西苗族村落的描述。

另外，关于苗族民间宗教信仰的研究多以"万物有灵论"为基础，但涉及其性质，观点则有所不同。刘丽、卫钰通过比较苗族崇龙习俗的地域差异，认为苗族的民间宗教信仰就是人类进入阶级社会前由"万物有灵论"演变而来的多神信仰。陆群教授认为苗族民间宗教信仰仍停留在万物有灵基础上的鬼信仰阶段，"鬼"包括后来发展为"神"的部分。而田彬通过对湘西苗族梅山崇拜的研究，认为巫对鬼文

---

① 柳军伟，等：《传统村落保护问题研究——以湘西苗儿滩古镇惹巴拉村为例》，《中外建筑》2017年第5期，第44—47页。

化有着深刻的影响，苗族民间宗教信仰实质上为巫崇拜。李廷贵、杨正勇等学者直接鉴定苗族民间宗教信仰为巫教。苗族民间宗教信仰有着较强的包容性和开放性，鬼、神、巫相融合形成的多元信仰更符合实际情况。显然，苗族传统村落信仰大都停留在单一形态的信仰事象研究层面，没有观照到民间信仰与地方历史、社会、文化等因素综合形成的宏观背景的互动，没有重视民间信仰在地方社会结构、社会秩序、社会融合过程中发挥的作用，缺乏整体研究视角。

关于侗族的研究主要围绕着侗族村寨民居展开。有专家指出对侗族民居保护与改造过程中需要维持原有的民族特征[①]。以侗族村落中鼓楼空间为例，指出鼓楼空间的场所意义，具有人文风貌和地域性格相结合的特点，而且是人与环境之间的交流，是展现侗族人的人与自然和谐统一的观念[②]。以保护湘西侗族建筑文化遗产为切入点，论述了侗族建筑的营造特色、营造特征和营造文化，并指出当下在保护侗族传统建筑中存在着外来文化冲击、木质建筑保护困难、传统建筑技艺失传等问题[③]。这些研究的共同点就是在保护和开发侗族传统村落的同时要注重民族、审美、功能和文化等层面上的统一性与传承性。

关于土家族的研究则是围绕土家族的认知体系展开。有学者认为土家族是以生产劳动中人们对生境的认知和信仰为基础，以生活中人们对生境的维护和适当利用为内核，以具体的文化事象为表达形式[④]。显然，注重这三点是保存湘西土家族独有文化意识的核心。另外，还有学者以永顺县土家族传统村落为例，指出了其具有特殊地理小气候、优势交通区位、以猛洞河国家重点风景名胜区为首的品牌旅游效应以及众多土家族传统村落的优势基础，提出"区域布局，旅游驱动，禀赋选型，

---

① 杨建蓉：《不可失落的美丽——湖南侗族民居问题与改造》，《艺术教育》2010 年第 8 期，第 145、160 页。
② 徐海燕，谭振锋：《传统聚落中地域性公共场所的守护及启示——通道侗族传统聚落鼓楼公共场所精神探析》，《内蒙古民族大学学报》2012 年第 1 期，第 67-68 页。
③ 蒋卫平：《论湘西侗族传统建筑风格及其保护》，《艺术百家》2016 年第 3 期，第 246-247、256 页。
④ 梁正海，柏贵喜：《村落传统生态知识的多样性表达及其特点与利用——湘西土家族村落"苏竹"个案研究》，《吉首大学学报（社会科学版）》2009 年第 3 期，第 31-37 页。

绪 论

因村制宜"的发展思路和实施建议①。

此外，龙晔生提出前瞻性观点——"反生态"物质与文化蔓延，他认为要科学设计村寨建设规划，坚持以人为本的原则，处理好文化保护与村民正常生活的矛盾、有效解决民族文化遗产传承人才的断层问题、坚决遏制文化同质化趋势、因地制宜打造特色支柱产业、鼓励村民行使自治权②，从而建立健全传统村落建设管理与验收监督机制。

综上所述，湖南传统村落的传统应用研究已经运用了现代科技手段，为传统村落研究的科学性奠定了基础。与此同时，研究的切入点呈现百花齐放的状态，尤其在歌舞艺术、建造仪式等一些历史遗存的传统应用方面，具有鲜明的特点，是湖南传统村落研究的新突破点。

---

① 汪海，金德谷:《土家族地区传统村落发展研究——以湘西土家族苗族自治州永顺县为例》,《贵州民族研究》2016 年第 8 期，第 54-57 页。
② 龙晔生:《少数民族特色村寨建设问题研究——以武陵山片区湘西南民族村寨为例》,《民族论坛》2015 年第 3 期，第 68-72 页。

第一章
湖南传统村落基本情况

第一节　湖南省概况

一、地理概况

湖南省位于我国华中地区的南部、长江中游地区，因大部分区域处于洞庭湖以南而得名"湖南"，因省内最大河流湘江流贯全境而简称"湘"，是我国中南腹地，省会长沙市。湖南省东临江西，西接重庆、贵州，南毗广东、广西，北与湖北相连。湖南自古盛植木芙蓉，五代时就有"秋风万里芙蓉国"之说，因此又有"芙蓉国"之称。全省辖13个市1个自治州、122个县（市、区），其中，市辖区35个、县级市16个、县71个（含自治县7个）；共设1 135个镇、318个乡、83个民族乡、393个街道，乡镇总数为1 536个，镇占乡镇总数的73.9%。2017年年末，全省常住人口6 860.2万人。其中，城镇人口3 747.0万人，城镇化率54.62%，比上年末提高1.87个百分点。

湖南地处东经108°47′~114°15′、北纬24°38′~30°08′，东西直线距离最宽667公里，南北直线距离最长774公里，总面积21.18万平方公里，占全国国土面积的2.2%，居全国各省区市第10位、中部第1位。湖南总体上属于大陆性亚热带季风湿润气候，日照充足，雨水充沛。年平均气温16~18℃，年平均降水量1 200~1 800毫米，具有气候湿润、四季分明，热量充足、雨量集中，春温多变、夏秋多旱，严寒期短、暑热期长的特点。境内多山岳丘陵，西北有武陵山脉，西南有雪峰山脉，南部为五岭山脉，东面为湘赣交界诸山。除此以外，湖南山清水秀，河网密布，水系发达，多水网交织，境内主要有湘、资、沅、醴四大河流以扇状汇入洞庭湖通达江海。

二、历史悠久

旧石器时期，湖南地区就已有古人类活动。据考古发现，距今12 000多年前人类即在此种植稻谷，距今5 000年前湖南先民开始在此过定居生活。湖南在夏、商和西周时期属《禹贡》九州之荆州南境；春秋战国时属楚国；秦朝时湖南地区设置黔中、长沙两郡；西汉初属长沙国，汉武帝以后属荆州刺史辖区；三国时期，湖南地区为蜀汉和东吴的角逐之地；两晋时期设有以"湘"命名的湘州；唐朝设湖南观察使，为湖南建置之名始；宋朝设湖南路；元朝设湖广行省；明朝设湖广承宣布政使司（仍称行省）；清分湖广省置湖南省，最终完成独立设省进程，省名沿用至今。

湖南是华夏文明的重要发祥地之一。相传炎帝神农氏在此种植五谷、织麻为布、制作陶器，坐落于株洲市的炎帝陵成为凝聚中华民族的精神象征；舜帝明德天下，足历洞庭，永州九嶷山为其陵寝之地。湖南境内历史遗存众多，出土和发现的澧县城头山古城遗址、里耶秦简、走马楼三国吴简以及凤凰古南方长城、岳麓书院、岳阳楼，皆是湖南悠久历史的浓缩与见证。其中，出土于宁乡黄材镇的四羊方尊，是目前发现的世界上最精美的商代青铜器，也是中国现存最大的商代青铜方尊；出土于桃源县漆家河的商代皿方罍，是迄今出土的方罍中最大、最精美的一件，堪称"方罍之王"；湘西龙山出土的里耶秦简，是继秦始皇兵马俑之后秦代考古的又一重大发现。特别是长沙马王堆汉墓的发掘震惊世界，出土的素纱禅衣薄如蝉翼，仅重49克；长眠其中已2 100多年的辛追夫人出土后仍保存完好，被誉为世界第八大奇迹。悠久的历史孕育了灿烂的文化，湖南自古有"古道圣土""屈贾之乡"和"潇湘洙泗"的美誉，以"心忧天下、敢为人先、经世致用、兼收并蓄"为精神特质的湖湘文化薪火相传，培育形成了"忠诚、担当、求是、图强"的湖南精神。

三、旅游胜地

湖南名胜古迹众多，是闻名遐迩的旅游胜地。古有"潇湘八景"（潇湘夜雨、平沙落雁、烟寺晚钟、山市晴岚、江天暮雪、远浦归帆、洞庭秋月、渔村夕照），现有张家界武陵源风景区、邵阳崀山丹霞地貌两处世界自然遗产、22个国家级风景名胜区、7个国家5A级景区。其中，张家界武陵源风景区是我国首个被联合国教科文组织列入《世界自然遗产名录》的自然景观，南岳衡山是中华五岳之一，岳阳楼是江南三大名楼之一。此外，伟人故里韶山、佛教圣地大乘山、千年学府岳麓书院及凤凰古城、常德桃花源等景区景点都受到了越来越多国内外游客的青睐。2017年，全省国内游客6.7亿人次，比上年增长18.3%；入境游客322.7万人次，增长8.6%。旅游总收入7 172.6亿元，增长31.3%。其中，国内旅游收入7 085.2亿元，增长31.4%；国际旅游收入13.0亿美元，增长11.7%。

目前，全省有长沙、岳阳、凤凰、永州4座国家级历史文化名城，有秋收起义文家市会师旧址、洪江古建筑群等62处全国重点文物保护单位。其中，炭河里遗址是已知南方地区最早的西周城址。湖南自古崇文重教，书院最多时达280所。宋代以来，尤以长沙岳麓书院、衡阳石鼓书院闻名遐迩；19世纪末创立于长沙的时务学堂，开近代书院制度改革和新式学堂设立的风气之先。湖南民俗多姿多彩，湘绣、滩头木版年画、皮影戏、江永女书等99项民俗艺术被列入国家级非物质文化遗产名录；花鼓戏、昆剧、湘剧、祁剧和常德丝弦等民间歌舞享誉中外；湘西苗族的巫傩文化、德夯苗寨风情、以茅古斯和摆手舞为特色的土家情调等民俗别具一格；湘菜源远流长，早在汉朝就已形成菜系，是汉族饮食文化中八大菜系之一。

四、交通便利

湖南东以幕阜、武功诸山与江西交界，南枕南岭与广东、广西为邻，西以云贵高原东缘与贵州、重庆毗邻，北以滨湖平原与湖北接壤，处于东部沿海地区和中西部地区的过渡带、长江开放经济带和沿海开放经济带的结合部，具有承东启西、连南接北的枢纽地位。湖南交通便利，水陆空综合交通体系立体衔接、纵横交错、通江达海。2017年，全省客货运输换算周转量5 367.0亿吨公里，比上年增长6.2%。货物周转量4 318.6亿吨公里，增长6.1%。其中，铁路周转量815.6亿吨公里，增长8.8%；公路周转量2 990.6亿吨公里，增长11.3%。旅客周转量1 682.7亿人公里，增长1.8%。其中，铁路周转量981.5亿人公里，增长7.5%；公路周转量

526.6亿人公里，下降8.7%；民航周转量171.1亿人公里，增长7.6%。2017年年末，全省公路通车里程24.0万公里，比上年末增长0.6%。其中，高速公路通车里程6 418.5公里，比上年末增加338.5公里。2017年年末铁路营业里程4 697.6公里，其中，高速铁路1 396.4公里。年末民用汽车保有量688.9万辆，增长14.2%；私人汽车保有量636.0万辆，增长15.4%；轿车保有量378.1万辆，增长15.2%。

五、地形多样、矿产丰富

湖南地貌类型多样，以山地、丘陵为主，大体上是"七山二水一分田"，其中山地面积占全省总面积的51.2%，丘陵及岗地占29.3%，平原占13.1%，水面占6.4%。湖南三面环山，形成从东南西三面向东北倾斜开口的不对称马蹄状，境内最低点是临湘县的黄盖湖，海拔24米；最高点是石门境内的壶瓶山，海拔2 099米。湖南矿产丰富，矿种齐全，是驰名中外的"有色金属之乡"和"非金属矿产之乡"。2017年，全省已发现矿种144种，探明资源储量矿种109种。其中，能源矿产7种，金属矿产39种，非金属矿产61种，水气矿产2种。实施地质勘查项目（含续作项目）175个，新发现大中型矿产地5处。国家地质公园12个。

六、生物资源多样化

湖南省植物种类多样，群种丰富，是中国植物资源丰富的省份之一，拥有近6 000种植物，其中包括银杏、资源冷杉、银杉、南方红豆杉、伯乐树等16种国家一级重点保护植物。湖南属亚热带常绿阔叶林带，植被丰茂，四季常青。湖南生物资源丰富多样，是全国乃至世界珍贵的生物基因库之一，森林覆盖率59.57%，活立木蓄积量4.84亿立方米，湿地保护率69.3%，包括水杉、珙桐、绒毛皂荚等国家保护珍稀野生植物55种，占全国总量的17.7%。

湖南动物资源丰富，有陆生脊椎动物916种，其中列为国家一级重点保护陆生野生动物17种，包括黄腹角雉、林麝、麋鹿、云豹、中华秋沙鸭等；国家二级重点保护陆生野生动物81种，包括穿山甲、雕鸮等。湖南动物种类繁多，分布较广。有野生哺乳动物66种、鸟类500多种、爬行类71种、两栖类40种、昆虫类1 000多种、水生动物200多种。湖南是全国著名的淡水鱼产区，天然鱼类160多种，以鲤科为主，主要有鲤、青、草、鳙、鲢、鳊、鲫、鲂等，著名的鱼种有中华鲟、白鲟、银鱼、鲥鱼、鳗鲡等。在家畜、家禽中，以宁乡猪、滨湖水牛、湘西黄牛、湘东黑山羊、武冈铜鹅、临武鸭、浏阳三黄鸡等最为著名[①]。

第二节　湖南传统村落概况

截至2016年，住房城乡建设部等部门评选并公布了4批中国传统村落，其中，湖南共入选257个传统村落（2012年12月20日第一批30个、2013年8月6日第二批42个、2014年11月17日第三批19个、2016年12月9日第四批166个）。这些村镇具有历史悠久、传统风貌完整、地方文化突出、功能类型明确等特点，尤其具有典型湖南特色的少数民族风情。

综上统计，湖南列入国家级传统村落名录共有257个，在全国传统村落中的占比还是比较高的，占全国总数的6.19%，排名全国第五。其中，苗族、土家族传统村落较多，这就体现了其独具特色的价值，具有十分丰富的少数民族村落文化资源。另外，由于多民族杂居，所以即便是汉族传统村落亦具有少数民族的特点，这些都是传统村落文化十分重要的记忆。在湖南省14个地级市中，除株洲、常德外，其他12个都有传统村落，其中湘西土家族苗族自治州传统村落数量最多，约占全省的31.91%；其次为怀化市，占21.79%左右；之后为郴州，占13.62%；接下来依次顺序为永州市、邵阳市、衡阳市、益阳市、岳阳市、张家界市、娄底市、湘潭市、长沙市，占比都在10%以下（表1-1）。

---

① 湖南省人民政府网：http://www.hunan.gov.cn/jxxx/hngk/sqjs/.

表1-1 湖南传统村落分布统计（257个）

地区	名录				合计	占比（%）
	第一批	第二批	第三批	第四批		
长沙	—	1	—	—	1	0.39
岳阳	1	—	—	3	4	3.11
湘潭	—	—	—	2	2	1.56
衡阳	1	4	—	10	15	5.83
郴州	1	6	1	27	35	13.62
永州	4	2	2	16	24	9.34
邵阳	1	9	1	8	19	7.39
张家界	1	—	—	3	4	3.11
怀化	2	6	9	39	56	21.79
湘西土家族苗族自治州	17	8	4	53	82	31.91
益阳	2	5	—	2	9	3.5
娄底	—	1	2	3	6	2.33
株洲	—	—	—	—	—	—
常德	—	—	—	—	—	—

从表1-1可以看出，湖南传统村落主要集中在湘西地区，占全部传统村落的50%以上，而湘东和湘北地区的传统村落占比很少，加起来大约5%。综合以上数据可以发现一个规律，就是湖南传统村落大多集中在少数民族地区，并且大部分位于交通不发达地区。如此分布对传统记忆保护是有利的，其优势在于：第一，具有悠久的历史传承和丰富的文化积淀，能够满足传统村落记忆的深入挖掘；第二，具有丰富的少数民族风情，有利于多元化开发；第三，具有多元的文化信仰，为进一步研究提供坚实基础。由于经济不发达，所以相关的保护措施就无法到位，传统文化日趋受到冲击。

本书以农业文化遗产分类方法为基础，结合中国传统村落的特征和认定标准，将传统村落划分为五个类别：农业景观型、农业习俗型、农业聚落型、农业技艺型和农业物种与特产型。不过值得注意的是，湖南传统村落是具有复合性和交叉性的文化遗产，其构成涉及自然与人文、物质与非物质、农业与非农业等复杂内容。因此，为了村落归属清晰，仅以各村落的突出特征作为分类衡量依据。

第三节　湖南传统村落的耕读文化

中国是世界农业文明重要的起源地之一，农耕文明的历史可以追溯到 10 000 年以前。农业逐渐成为最重要的生产生活方式，是中国人安身立命之本和国家富强之基。所以，自古以来"以农为本"一直是中国的基本国策。与此同时，伴随着中国农业文明的发展，产生了众多的形式和风俗各异的传统村落。这些村落曾极大地推动了中华文明的进步，它们蕴含着中华民族的历史记忆，是维系族群认同的纽带。根植于传统村落中的耕读文化是加强这种记忆与认同的精神动力。[①]

一、耕读文化的意蕴

早在先秦时期，人们就非常重视农业生产活动和农业生产经验。《夏小正》就是一部与夏代农事活动密切相关的历书。商代很多龟甲卜辞也反映了时人对农业的占卜活动。《国语·周语》《礼记·月令》《吕氏春秋·上农》都记载西周时周天子每年都要亲率百官举行"籍田"之礼，当时的人们已认为农业是国家的头等大事，并且当时的人们认为"稷"是掌管农事活动的官职，且地位较高。另外，当时周天子为了起到表率作用，提倡重农思想，所以每年都会率领诸侯亲自耕作籍田，从而体现出"以农为本"的国策。春秋战国之后，农业的地位提升就更加显著，历代王朝及其统治者都把农业视为"本业"。汉文帝曾云，"农，天下之本，其开籍田，朕亲率耕。"[②] 清代雍正皇帝也颁布圣谕："朕观四民之业，士之外，农为最贵，凡士工商贾，皆赖食于农，以故农为天下之本务。"[③] 并依然保持着"亲耕籍田"传统仪

[①] 李任，姚伟钧：《传统村落视域下耕读文化发展初探——以黄陂大余湾为中心的考察》，《中国农史》2017 年第 4 期。

[②] [汉] 司马迁撰：《史记》卷 10《孝文本纪》，北京：中华书局，1959 年，第 423 页。

[③] 《清实录·世宗宪皇帝实录》卷 57《雍正五年五月》，北京：中华书局，1985 年（影印版），第 866–867 页。

式。这些都体现了中国古代统治者对农业的重视程度。

诸子百家中虽然很多人都不赞成、甚至反对"君子"亲自从事农业生产,认为务农是"小人"做的事情,但无不强调农业的重要性。如孔子认为治国需要"足食,足兵,民信之矣"①,由此可见,孔子虽然认为君子应当追求道德的高尚,但是在治国上依然认可要富民足食。另外,荀子在谈论为君之道的时候提出"知务本禁末之为多材也"②的观点,认为要提倡农业、限制商业活动才能使得国家富足。《墨子·七患》中也指出五谷是百姓赖以生存的基本,国家和百姓都需要农业来支撑,所以就有"故民无仰则君无养,民无食则不可事"③的提法,进一步说明农业是国家的根基。战国时期,秦国之所以会迅速强盛起来,其根本就在于重视农业、抑制商业,尤其是商鞅变法之后,更加强调耕织的重要性,并对从事商业活动的人进行惩罚。到了汉代,桓宽就提出"衣食者民之本,稼穑者民之务也"④的观点,并且进一步提出农业是天下大业的思想。这在魏晋南北朝时期著名的农书《齐民要术》中亦有相同的论述,提出农业可利天下、可安民、可供食。

除农业耕作外,读书是古人认为的另外一件最为紧要的事情。我国是公认的礼仪大邦,数千年来文化传承绵延不绝,就是因为古人重视诗书教化、崇文尚学。关于读书的重要性,古人有很多的论述,孔子认为"学也,禄在其中矣"⑤;《荀子》的第一篇即是《劝学》;晚清重臣张之洞著有《劝学篇》;唐代著名书法家颜真卿的《劝学诗》:"三更灯火五更鸡,正是男儿读书时。黑发不知勤学早,白首方悔读书迟。"宋真宗赵恒的《励学篇》诗中的"安居不用架高楼,书中自有黄金屋。娶妻莫恨无良媒,书中自有颜如玉"等都为人们所熟知。在中国传统社会,农业和读书已经密不可分,并且读书的场所大多是乡村中的私塾,从而逐渐形成以农业为基础的耕读文化。

---

① 杨伯峻译注:《论语译注》第12《颜渊》,北京:中华书局,1980年,第140页。
② 方勇、李波译注:《荀子》第12《君道》,北京:中华书局,2015年,第207页。
③ [清]孙诒让撰,孙启治点校:《墨子闲诂》,北京:中华书局,2001年,第25页。
④ [汉]桓宽撰,王利器校注:《盐铁论校注》卷一《力耕》,北京:中华书局,1992年,第28页。
⑤ 杨伯峻译注:《论语译注》第15《卫灵公》,北京:中华书局,1980年,第168页。

(一) 何为耕读文化

耕读文化就是耕与读的结合,既耕且读或半耕半读。"耕"就是拥有一定的田地而进行农业劳作或象征性地劳作,"读"就是读书识字明礼。耕读文化包括耕读传统、耕读传家等。耕读传统我们可以理解为一个范围更广的词,大可以指国家层面,小可以指家庭层面;耕读传家主要是针对家族或家庭来讲的,耕是衣食生存之本,读是立身进取之阶,即所谓"耕可致富,读可荣身"。

(二) 耕读文化的起源与发展

春秋战国之际,各国相继进行了变法改革。至战国中期土地私有制度确立,铁器和牛耕、灌溉技术已得到广泛应用,生产力大幅度提高,农业得到很大的发展,自给自足的小农经济出现,农民也有了更多的空余时间。此时,"学在官府"的体制也已被打破,私学逐渐兴盛,这为后世的耕读传统奠定了基础。

在儒家经典《论语》中记载有"荷蓧丈人""接舆""长沮、桀溺"等躬耕的隐士,这些人应该算是比较早的耕读代表。《孟子·滕文公上》记载,战国时生于楚国的农学家、思想家许行"为神农之言",边讲学、边和学徒一起从事农业生产。两汉魏晋南北朝时期,许多世代务农为生的布衣平民通过努力读书而被举荐或征辟为朝廷大臣,如汉代的朱买臣和匡衡、晋代的车胤和孙康等。诸葛亮也曾"躬耕于南阳",边耕边读。但以上这些大抵只算是耕读传统,耕读传家还不普遍。隋唐以后,随着科举制度的创立和发展,为更多寒门之士提供了上升的台阶,尤其是随着宋代朝廷对文人的优待和科举取士的"扩招"以及社会经济的繁荣,耕读文化日趋流行和普遍,成为许多村落中家族沿袭的传统。此后的数百年间耕读文化愈加发达,耕读传家成为普遍现象。值得一提的是,南宋和明清经济中心转移到南方,南方相对比较安定富庶,耕读文化氛围更浓,学术风气也相对更盛一些。

(三) 耕读文化类型

耕读文化的类型包括耕读传家式、书香门第式、家贫自学式、获得资读式和短暂归隐田园式。其中,耕读传家是耕读文化中最有代表性的,这是稍富裕的普通农家的一种生产生活方式。可以一边在家种田，照顾父母妻儿；一边读书为学，陶冶身心，为考取功名做准备。"保持'耕读传家'的传统，进则可以出仕荣身，兼济天下；退则居家耕读，尚有独善自身的地步。"[①] 耕读传家讲究的是世代传承，有持久的生命力，它不但受农家学子喜欢，统治者也认为这种方式可以促进农业生产，加强教化，敦厚民风，有利于国家稳定，故大力提倡。而家贫自学、获得资读和短暂归隐式的耕读有一定的偶然性，从文化传承性来说大不如前者。书香门第和书香世家一般是官宦或地主阶层，这种家庭财力比较雄厚，藏书丰富，一般来说虽然提倡耕读，但所谓的"耕"只是象征性的，只是一种治家理念，并不亲自下田劳作。当然，也有身体力行的例子，如曾国藩指出，中国古代能世代相传的家族，都秉承着男人必须耕作与读书，妇女则主持家庭和侍奉公婆，而且还要保持勤俭家风、做些琐碎的劳动。还教育曾家的子侄后代除了读书之外，还要勤做家务和从事农业生产，绝对不可以认为这些事情是琐碎的事情而放不下架子，并举例要求家庭的男性成员要了解种菜知识，甚至为了让家庭成员学会种菜，还专门请外面的师傅来教授。由此可见，曾国藩对于家风的传承不仅在于文化教育，还重视劳动生产，就其官场和社会地位能强调这样的思想是非常难能可贵的，更是值得学习的。

（四）耕读的相互关系

古人云"仓廪实则知礼节，衣食足则知荣辱"[②]，物质基础决定上层建筑，"耕"为"读"提供了物质基础，解决了温饱问题才能"知书达礼"。关于耕读二者的相互关系与作用，古人早已有认识和论及。南宋刘过的《书院》："力学如力耕，勤惰尔自知。但使书种多，会有岁稔时。"即把读书比喻成耕田，实际上把读书和耕田看成密切相关且同等重要的事情。明代的张履祥在《补农书》总论中专门论述了耕读的关系，他说"人言耕读不能相兼，非也"。清代王永彬的《围炉夜话》对耕读更是有大量阐述，如："耕所以养生，读所以明道，此耕读之本原也，而后世乃假

[①] 徐雁：《"耕读传家"：一种经典观念的民间传统》，《江海学刊》2003年第2期。
[②] 黎翔凤校注，梁运华整理：《管子校注》卷1《牧民》，北京：中华书局，2004年，第2页。

以谋富贵矣。"①他认为耕是用来养活性命、强身健体的，读书是使人明白道理、提高自身道德修养的，这才是耕读的本来含义，但后世人却借以谋取财富和显贵的地位。可见当时人们普遍把耕读作为致富和科举进仕的途径。此外，他还提了耕与读之间互相不妨碍，可以同时兼顾，耕作和读书之间形成一种互补的态势，这是传统村落的主要特征。

（五）家训与耕读文化

我国许多著名的家训或家书里面都反复强调耕读的重要性，极力训诫子孙后代勤俭持家、努力读书。如《颜氏家训》："生民之本，要当稼穑而食，桑麻以衣"②，其告诫子孙农业是百姓的生存之本。与此同时，还教育家庭成员必须"古人欲知稼穑之艰辛，斯盖贵谷务本之道也……安可轻农事而贵末业哉？"③十分强调家庭成员必须知道耕作的辛苦，知道粮食的来之不易，只有了解农耕的辛苦，才能守住这份来之不易的家业。另外，其又嘱咐子孙勉励为学，指出"自古明王圣帝犹须勤学，况凡庶乎！此事遍于经史"④的重要性，指出勤奋读书，知悉各种经史，从而通达义理，还要拥有"夫明六经之旨，涉百家之书，纵不能增益德行，敦立风俗，犹为一艺，得以自资"⑤的本领，通过明悉义理、掌握经典，提升自我的道德水平，从而带动家族和乡村建立起良好的风俗。这样的思想到了明清时期也得以传承，张履祥在《训子语》里说"读而废耕，饥寒交至；耕而废读，礼仪遂亡"。其强调耕与读之间存在着千丝万缕的联系，并且二者缺一不可，光读书而废农耕则无法获得温饱，光农耕而废读书则道德礼仪会丧失。与此同时，王永彬在《围炉夜话》中谈到，"为子孙计长久，除却读书耕田，恐别无生活，总期克勤克俭，毋负先人"⑥。指出了耕读之外还要做到勤俭持家。另外，曾国藩多次在家书里劝诫家人要以耕读

---

① [清]王永彬撰，徐永斌评注：《围炉夜话》第183则，北京：中华书局，2008年，第151页。
② 王利器译注：《颜氏家训集解》卷1《治家第五》，北京：中华书局，1993年，第34页。
③ 王利器译注：《颜氏家训集解》卷4《涉务第十七》，北京：中华书局，1993年，第177页。
④ 王利器译注：《颜氏家训集解》卷3《勉学第八》，北京：中华书局，1993年，第97页。
⑤ 王利器译注：《颜氏家训集解》卷3《勉学第八》，北京：中华书局，1993年，第101页。
⑥ [清]王永彬撰，徐永斌评注：《围炉夜话》第155则，北京：中华书局，2008年，第128页。

为本，如"但在家中教训后辈，半耕半读，未明而起，同习劳苦，不习骄佚，则所以保家门而免劫数者"①"内人率儿妇辈久居乡间，将一切规模立定，以耕读二字为本，乃是长久之计"②皆强调"耕读、勤俭、不骄奢"为立家之本，这些都被后人视为经典。

二、耕读文化的载体

耕读文化主要产生于乡村，由乡村的知识分子代代传承，可以说村落和其中的读书人是耕读文化的载体。耕读文化、耕读传统、耕读传家主要是对于村落中的读书人而言的。

（一）村落：耕读文化传承的场所

传统形态的村落是伴随着先民农耕活动而逐渐产生的。"在我国远古时期，由于农业不甚发达，先民的生活来源主要是依靠渔猎和采集植物"③，人们穴处而居，甚至居无定所，时时受到野兽的袭扰。后来有巢氏以树木为原料，发明了原始的树上房屋，这样在一定程度上既可遮风挡雨，又可避免野兽袭击。随着农业耕作和人们安全的需要，房屋被建在了靠近耕种区的地面上，聚族相邻而居，就逐渐形成了村落，从此先民开始了定居或半定居的生活，这种稳定的生活形态对于文明的发展和文化的传承起到了重要作用。

"传统村落"指那些拥有物质形态和非物质形态文化遗产，具有较高的历史、文化、科学、艺术、社会、经济价值的村落④。传统村落形成较早、拥有丰富的传统资源、传统建筑风貌完整、选址和格局保持传统特色、非物质文化遗产能够得到

---

① ［清］曾国藩著，李瀚章编撰，李鸿章校刊：《曾文正公家书》卷4《咸丰四年四月十六日致澄弟等》，北京：中国书店，2011年，第157页。
② ［清］曾国藩著，李瀚章编撰，李鸿章校刊：《曾文正公家书》卷10《同治六年五月初五致澄弟》，北京：中国书店，2011年，第479页。
③ 姚伟钧：《中国古代畜牧渔猎经济论略》，《社会科学战线》2001年第5期。
④ 住房城乡建设部 文化部 财政部：《关于加强传统村落保护发展工作的指导意见》（建村〔2012〕184号），2012年12月12日。

活态传承①。传统村落是中华民族民间传统文化的的载体,"镌刻着农业、农村和农民发展的历史记忆,积淀着几千年的农耕文化,是认识和传承中华农业文明的根基"②。目前,我国不少传统村落依然保持着耕读文化传统。如福建省武夷山市五夫镇兴贤村、浙江省温州市永嘉县岩头镇芙蓉村、江苏省苏州东山镇陆巷村、江西省上饶市婺源县浙源乡凤山村、广东省恩平市圣堂镇歇马村、广西壮族自治区玉林市博白县顿谷镇金圭塘村、甘肃省天水市秦安县兴国镇凤山村、河南省平顶山市郏县李口乡张店村、湖北省恩施州利川市谋道镇鱼木寨、湖北省武汉市黄陂区大余湾、湖南省益阳市安化县马路镇马路溪村等。

(二) 乡土知识分子:耕读文化的灵魂

民间读书的知识分子是耕读文化的灵魂和核心。有学者认为耕读文化的群体主要有三类人:一是读过书的农庄主、较富裕的自耕农,二是隐士,三是关心农业生产的政府官员③。这种说法大抵不谬,因为这三类人当中以第一类人占绝大多数,乡间的地主(包括致仕归乡的官员)和较富裕的自耕农有闲暇时间和一定的经济基础从事读书活动,是乡间读书人的主体,但属于人口主体的贫寒者中也有一部分读书者,许多重视读书的村落往往有专门的家族公田用以资助家族内的贫寒学子读书,"朝为田舍郎,暮登天子堂"是他们绝大多数人的愿望。但在众多的乡村读书人中,能够考取功名做官的毕竟还是少数,那些没考取任何功名的人大多还会回到家乡过起耕读生活。另外,不少致仕归乡的官员及其家属也会向往耕读生活。第二类人向往或被迫进行隐居式的田园生活,如相传汉代的开国功臣张良曾功成身退到位于今河南省平顶山市郏县李口乡张店村隐居,至今该村有耕读重教的传统。云南大理喜洲村历来重视读书立学,明代村人杨士荣考中进士入朝为官,后厌恶官场黑暗,弃官归家靠种田读书生活。被誉为"天下第一村"的湖南长沙张谷英村,利用山势,始终保持着传统的耕读生活,与世无争。晋代的陶渊明更是大家耳熟能详的

---

① 住房城乡建设部 文化部 国家文物局 财政部:《关于开展传统村落调查的通知》(建村〔2012〕58号),2012年4月16日。
② 刘馨秋、王思明:《中国传统村落保护的困境与出路》,《中国农史》2015年第4期。
③ 邹德秀:《中国的"耕读文化"》,《中国农史》1996年第4期。

隐居田园式的人物，"既耕亦已种，时还读我书"①代表了一大批隐居山林的知识分子的心声，可以说古代的田园诗和耕读文化有着莫大的联系。第三类人的生活不能算是纯粹的耕读文化，也不能算是耕读传家，做官才是他们的主业，体验农业只是为了指导普通百姓农业生产和帮助自己进行农业理论创作，如贾思勰、徐光启。

（三）耕读文化的断层

在家可做锦绣文章，出世可为国家立业。湖南传统村落通过耕读传家、崇文重教培养了不少国家栋梁，也影响着周边地区。湖南诸多传统村落皆有对"耕读传家"四个字的深刻理解。他们对家族中靠读书走出山村、为社会做过一些贡献的人很是尊敬。在调查过程中，诸多村落中如有同族先贤，很多同村落的村民脸上会展现出自豪的表情。和其他省份的传统村落一样，湖南因"耕读传家"具有独特的魅力，并得以绵存数百年。然而，近年来湖南传统村落的耕读文化出现"空心化"的现象，很多年轻村民在城里工作定居，子女在城市里上学，过年时他们才回村团聚，或是在清明节回村上坟祭祖，不少房屋因年久失修（国家规定村民不能私自翻修）而无人居住，不少土地被流转、荒芜，只有部分老人在家留守，一向引以为傲的耕读文化出现断层的趋势。尤其是许多少数民族的村落，这一现象更为严重，以湘西土家族苗族自治州为例，诸如花垣县边城镇磨老村、龙山县洗车河镇洗车河村、凤凰县山江镇凉灯村、凤凰县山江镇竹山村都有如此现象（图1-1至图1-11）。虽然磨老村、竹山村都有自己的乡村小学，还有琅琅读书声，但是整体耕读文化的氛围已减弱了很多，而且还出现在孩子小学毕业之后，很多家长为了让孩子获得更好的学习条件，会将孩子送到镇上或是直接送到州首府吉首读书，从而使村里的耕读文化出现了断层。

---

① [晋]陶渊明著，逯钦立校注：《陶渊明集》卷4《读山海经·其一》，北京：中华书局，1979年，第133页。

第一章 | 湖南传统村落基本情况

图 1-1　磨老村全景（吴昊）

图 1-2　磨老村农家（吴昊）

图 1-3　磨老村农家（吴昊）

图 1-4　磨老村农家（吴昊）

图 1-5　捞车村（惹巴拉）全景（吴昊）

图1-6 竹山村房屋（吴昊）

图1-7 竹山村村道（吴昊）

图1-8 竹山村巷道（吴昊）

图1-9 竹山村山坡上建筑（吴昊）

图1-10 竹山村水井（吴昊）

图1-11 凉灯村村景（吴昊）

三、传统村落耕读文化的发展思路

耕读文化、耕读传家方式是在我国农耕文明、地理环境、宗族制度以及人们的家国情怀、人生追求、天人观念和安土重迁心理等共同作用下的产物，它主要产生于村落，传承于宗族家庭，传播于乡土知识分子。耕读文化与村落的发展荣辱与共，随着村落的兴盛而更加繁荣，反过来又可促进村落的兴盛；如今随着城市化、工业化发展，农村人口大量减少，学校撤并、田地闲置、老屋破败，很多村落出现空心化的倾向，耕读文化也受到了一定的影响，耕读传家的模式出现变化。耕读文化具有传播文明、修养德道、教化民众、促进社会和谐的作用；还体现了人与自然的和谐理念，具有生态价值。在提倡振兴传统文化、保护传统村落、留住乡愁记忆、建设美丽乡村、生态文明建设的今天，我们理应重视和弘扬耕读文化，保护村落人民的精神家园，使古老的村落重新焕发生机。耕读文化发展和传统村落发展是相互影响的。一方面，传统村落的存续是耕读文化传承的前提，如果传统村落凋敝、村民减少，则会制约和破坏耕读文化的发展；另一方面，耕读文化发展可以促进传统村落的发展。因此，应在"耕"和"读"上做文章来保护传统村落，以传统村落的兴盛保证耕读文化得以传承。

（一）立足农业耕作基础，发展特色农业及农产品

由于农产品价格长期偏低，农业种植的种子、农药、化肥投入成本过高，传统农业生产程序繁琐且收入远远不及外出"打工"或其他非农业活动的收入。这是导致农村人口流出和土地闲置的一个重要因素，进而诱发村落出现"空巢"或"空心化"的现象。因此，传统村落可改变作物种植结构，利用现代农业技术，请专家指导、因地制宜，保持和选种有较高经济收益的特色农作物以及进一步加工特色农产品、土特产，增加农民收入，使当地村民发家致富，这样既可以合理利用耕地又可以留住部分原住民。如湘西土家族苗族自治州龙山县苗儿滩镇惹巴拉村整个村落外包给旅游开发公司，并且在当地政府部门的引导下建立具有少数民族特色的传统村落，让当地少数民族村民转变思路选择适合当地种植的特色农作物。另外，保护好传统村落遗存下来的农业耕作系统，比如江西荷桥村、龙港村利用"万年稻作文化系统"这一遗产符号，建立优质稻生产基地，打造稻米及其延伸产业，取得良好成效[①]。作为稻作主要生产地区的湖南，其很多传统村落亦保有了十分完整的稻作文化体系，如邵阳市隆回县虎形山瑶族乡崇木凼村、湘西土家族苗族自治州古丈县高峰乡岩排溪村。

（二）立足村落生态田园风光，开展农业休闲旅游和农事体验活动

一是开展农业观光。传统村落一般或依山、或傍水、或两者兼有，又拥有大片耕地，有着良好的"风水"，体现着天人和谐的居住和生存理念。传统村落里田园牧歌风光既满足生态文明建设的要求，又可满足人们返璞归真、亲近大自然的需

---

① 刘馨秋，王思明：《中国传统村落保护的困境与出路》，《中国农史》2015 年第 4 期。

求。所谓仁者乐山、知者乐水，传统耕读型村落只要在原有的基础上，保护好村落布局，规划种植集食用和观光一体的农作物，如油菜可打造"油菜花海"、桃子可打造"百亩桃花"、莲藕可打造"十里荷花"等，或者种植观光农作物，打造观光农业园，如"太空"作物。并以此吸引游人。

二是可以开展农事体验活动。让都市人徜徉在青山绿水间体验田园生活，亲自参加农业劳动，如通过农民指导在一小片田地里体验播种、种菜、除草、采摘、收割、垂钓、捕鱼，甚至自己动手用原材料做饭，还可以认养植物。另外，村落还可以作为青少年和儿童的生活实践及教育基地，使其认识草木鱼虫、感受乡土气息、陶冶身心，了解农业文明和农业生产过程，认识到农民的艰辛，以培养其热爱大自然、热爱生活的态度及艰苦朴素的习惯，培养其动手实践能力，避免"四体不勤、五谷不分"的情况。这样的活动比较适合分布在中心城市周边，车程1~2小时的传统村落。

三是发展休闲度假农庄。在村落周边依村落建筑风格建立农家客栈、农家饭庄和村落周边的配套景点，结合全域旅游和大健康等观念，打造集游玩、餐饮、住宿、养生、消费为一体的休闲度假胜地。人们除了可以从事农业观光、农事体验活动外，还可以在村落及其周边范围徒步、爬山、攀岩、露营、游泳、晨练，还可以品尝农家菜、住宿、中医养生保健，还可购买有机特色农产品。这是湖南传统村落可以重点打造的方向，尤其湘西州、怀化市诸多的传统村落，完全可以利用当地的地理优势，将原本封闭的大山变成一种资源优势，从而深度开发当地的休闲旅游资源，提高旅游的文化质量。

通过这些形式，为热爱乡土文化、喜欢田园风光和传统村落的都市群体创造机会和条件，使他们的乡愁得到安放和宣泄，为他们的心灵提供一片憩息之地。如岳阳县的张谷英村所在区域生态环境良好，处于岳阳市周边，交通十分便利，并且有较为完整的传统村落文化，十分适合发展城市周边具有乡土文化、田园风光和传统村落相结合的模式。

（三）立足耕读传统，开办耕读学堂，传播传统文化

在耕读型传统村落里，修复或重建学堂，建立仿古式宿舍，创建乡村图书馆传

播传统文化。一是开展本村村民的读书学习活动，宣传村内耕读传家、崇文重教的传统和村内名人先贤事迹，传承和弘扬耕读精神，丰富村民的精神文化生活，使村民诗意地栖居。二是举办与游客相关的活动。在耕读学堂里可以请教师针对不同年龄层次的人讲授相应的传统文化课程，带领学生学习、阅读经典、诵读诗歌，聘请学者开展讲座，组织读书会、夏令营，大、中、小学生可以来此学习文化课程、琴棋书画，还可以采风写生等。既可以通过学校、旅行团组织来此，也可以父母带子女一起来，形式多样，活动丰富。这样既保持了村落的耕读文化氛围，又增加了村落的经济收入。

（四）立足村落文化遗产，展示耕读村落文化特色和文化品味

传统村落是农耕文明的产物，其中既有物质文化遗产，又有兼具乡土气息和民族韵味的非物质文化遗产，它们分别代表着村落文化的表征和内涵。这些文化遗产是村落的个性化标识符号，蕴含着浓厚的地域和民族色彩，反映着村落人们集体的记忆和族群认同，有着历史、文化、社会、艺术、经济等多重价值。传统耕读型村落中的物质文化遗产有传统民居、宗祠、私塾、学堂、书院、文昌阁、状元街、牌坊、牌匾、石磨、农具等，它们一般都经历了一定的历史年代，古朴而具有特色。建筑方面则讲究风水、布局和规则；传统村落中非物质文化遗产包括民间口头文学、民间音乐、民间舞蹈、民间美术、戏剧、曲艺、传统手工技艺、传统游艺与杂技、传统中医药和各种民俗形式，可谓纷繁多样、各具特色，是村民们生产生活智慧的结晶。一方面，传统村落可以凭借传统建筑及历史遗迹的特色优势吸引游人，还可以建立宗族博物馆让人们了解村史、家族谱系、宗法制度等，建立村落民俗馆展示农耕文明、展示耕读文化、展示风俗习惯和民间信仰。另一方面，可发展非物质文化遗产参与体验项目。可使村落以外的人参与体验传统节日民俗、礼仪，进行手工艺产品的学习制作，品尝或亲手参与制作美食，参与传统的民间表演艺术和娱乐活动。如湖南一些传统村落里就有原来的雕匠、画匠、石匠、陶匠远近闻名，青少年可以来此学习陶艺、雕刻艺术等，亦可在村落里建立非物质文化遗产传习基地、学生教育实践基地等。比如，湘西州苗儿滩镇惹巴拉村就建有土家织布非物质文化遗产教习基地，不仅提升旅游的体验感，同时还能进一步宣传土家织布，提升

非物质文化遗产的知名度。

通过这些形式，既可以激发和增强传统村落中原有村民的文化自信心和文化自觉意识、传承耕读文化，又可以带来人气，增加经济收入，为传统村落发展注入活力，可谓一举多得。但需要注意村落的自身条件和承载能力，不能盲目开发利用、轻视保护，不能千篇一律、失去特色，要以人为本充分考虑村落居民的利益和诉求，要保持自然生态环境和文化生态环境的健康可持续发展。

第二章
农业景观型传统村落

湖南传统村落具有其他省份不可复制的地域特色,大多都有汉民族文化与少数民族文化融合的现象。有些以建筑闻名,有些以习俗闻名,有些以传统工艺闻名,百花齐放,各有属于自己的特点,并且还具有多重特点交叉的情况。与此同时,这些传统村落因其悠久历史文化都具有十分厚重的历史感,具有史料论证的见证研究价值,展示中华民族独有的乡村文化与乡村精神。所以,本书以王思明教授提出的农业文化遗产内涵为准绳[①],将湖南传统村落分为农业景观、农业习俗、农业聚落、农业技艺、农业物产与特产五种类型。

本章重点介绍以农业景观为特色的传统村落。农业景观型主要是以因农业生产活动长期积淀形成的独特的人文与自然结合的景观为主的传统村落,主要集中在湘西地区,分别是怀化市通道侗族自治县坪坦乡坪坦村、益阳市安化县江南镇洞市村、邵阳市武冈市双牌乡浪石村、湘西土家族苗族自治州古丈县高峰乡岩排溪村、邵阳市隆回县虎形山瑶族乡崇木凼村、怀化市溆浦县葛竹坪镇山背村。这些传统村落大多都有较为著名的农业景观,并且依然还发挥着其农业作用,较为典型的就是梯田,在这一类型传统村落中尤为明显。

第一节 湘西土家族苗族自治州 古丈县高峰乡岩排溪村

一、概 述

岩排溪村(图2-1)位于湘西土家族苗族自治州古丈县高峰乡东北部,属于典型的农业景观传统村落。与三坪、淘金相邻。该村面积11.18平方公里,林业用地13 288.5亩(1亩约为667平方米,全书同),承包到户的责任山有1 305亩,村级林场3个,坐落在岩排、风溪、各连组,总面积达4 964亩。全村共辖6个自然寨,

---

① 王思明:《农业文化遗产的内涵及保护中应注意把握的八组关系》,《中国农业大学学报(社会科学版)》2016年第2期,第102-110页。

图2-1 俯瞰岩排溪村

297户，1 176人。人口以土家族和苗族混居为主。

岩排溪村历史悠久。自明清以来，就有黄氏一支名叫"打虎匠"的族人从沅陵县太常村迁徙至此，开始依山耕作。该村因斜生排排平滑石板，故名岩排溪。全村背枕观音山，全寨集中分布在号称"千亩古田盛汗水，万丘稻浪叠家园"的梯田中心，呈阶梯状顺上坡而建。寨子依山而建，青山为屏，绿水环绕，景色十分优美。寨前3株古枫高高耸立，被喻为"三炷香"，具有中国传统风水之学的特色。

二、传统记忆

岩排溪村内保留了较好风貌的传统建筑，有转角楼、吊脚楼（图2-2）和三合院式。房屋都是由石头干砌而成的，并且有土石围墙保护宅院，上辟有枪眼和瞭望窗口，兼备有防卫、防火的作用。整体村落集湘西民族民间古老建筑工艺于一体，被称为"湘西特色民居博物馆"[①]。

图2-2 吊脚楼

---

① 湘西州住房城乡建设局，http://zjj.xxz.gov.cn/cxjs/czjs/201506/t20150629_172825.html。

该村的吊脚楼一般在正屋的两侧,再配备一个偏屋,使房子呈拐尺形。同时,三合楼又和吊脚楼形成独有的"凹"字形,使得房屋具备了多层结构。最具有特色的就是每一家房屋前廊都设有"美人靠",这是由于村里的平坦之处开发为耕地,所以房屋都建设在坡上,形成较为陡悬的高坎,所以为了行人和小孩的安全,就独创了这样的一种建筑模式。在街沿之外,再用柱枋接上一个宽四五尺(1尺约为33厘米,全书同)的延伸带,与正屋屋檐搭接,铺上木板;外置栏杆靠座,并配有吊瓜的装饰,既美观又有挡风遮雨的作用。

该村最为著名的就是1 200亩的层层梯田,形成一幅"层层梯田满山高,条条渠道围山绕"的农业景观(图2-3)。这些梯田分布在群山当中,山脚、山腰皆有分布,阡陌纵横,形成了湘西难得一见的农业景观。

图 2-3 梯 田

该村还保有具有独特民族文化的傩言山歌,是古代青年男女对唱的情歌,曲调悠扬婉转,具有十分浓郁的民族气息。另外,该村还保有湘西独有的"哭嫁"婚俗,主要有哭开声、哭爹娘、哭哥嫂、哭姊妹、哭亲属五个程序,还有哭戴花、哭穿衣、哭娘席、哭背亲、哭上轿、骂媒人等过程。歌声十分抒情,曲调低沉、哀婉动人。这是该村十分难得的非物质文化遗产。

三、保护现状

岩排溪村的保护与开发主要采取历史建筑尽量保留、整修的方式,尤其是建筑高度以及具有地方特色的外立面、装饰不得随意改变,保留建筑群的整体历史风貌。首先,古村落的入口空间、梯田、溪水沿岸、山体走势基本按照原样,且不得开山取石,毁林造田,严格保护自然生态环境。其次,对于村落当中的历史街区整体建筑高度进行区分,确定古建筑的高度,保持固有的层次落差。再次,做好古村落空间轮廓的保护,不得随意变更原有形成的村落与自然的关系。最后,对于特殊地段的历史建筑,如需进行修缮,必须组建相关专家委员会进行评估、审核,批准后方能实施。

目前,政府与当地居民开始着眼于弘扬传统文化的优势和特色,明确了以体现湘西少数民族深厚历史文化为主导的文化旅游发展定位。岩排溪村的优势是深厚的历史文化底蕴,第一就是梯田,第二就是吊脚楼。前者是优秀传统农业景观品牌,后者是深厚建筑历史文化。所以,岩排溪村的保护与开发的第一步就是有效整合农业文化与村落生态资源,加强村落的农业元素,打造主题鲜明的传统农业景观文化和建筑文化相结合的村落旅游线路,从而促进岩排溪村旅游产业和谐发展。同时,在发展旅游产业的过程中,进一步建设生态农业,着力打造具有少数民族特色、集示范和观光休闲于一体的综合性生态农业村落园区,打造集文化、休闲、农业生产"三位一体"的发展模式,从而达到环境与发展和谐统一的古镇发展模式。

第二节　邵阳市隆回县虎形山瑶族乡崇木凼村

一、概　述

崇木凼村位于湖南省邵阳市隆回县虎形山瑶族乡的东南部,被称为"中国花瑶第一村",是我国最大的花瑶聚居地。该村距隆回县城98公里,东临新邵县,南接武冈市，西连洞口县，北靠溆浦县，面积14.186平方公里，主要以农耕为主，拥有历史较为悠久的梯田，形成具有地域标志性的农耕文化。

崇木凼村主要聚居着瑶族的一个分支——花瑶。东汉应劭《风俗通义》记载，瑶族祖先"积织木皮，染以草实，好五色衣服"，故而花瑶名称来源于其服饰色彩艳丽。该村依山而居，至今还完整保留着传统的木构干栏式建筑，且大多为吊脚楼形式（图2-4）。该村迄今还保留着瑶族语言、花瑶传说、花瑶民俗、花瑶武术、花瑶歌舞等非物质文化遗产。另外，该村十分崇拜石头，村里散布着天然生长的大块石头，形成坡度达40°的石瀑，蔚为壮观。

图2-4 崇木凼村聚居村落

二、传统记忆

崇木凼村（图2-5）周围地势平缓处或沿山势开垦的梯田，是属于"万贯冲梯田"的支脉，该梯田属于雪峰山脉，是当今世界上开垦最早的梯田之一，是苗族、瑶族、汉族多民族历代先民共同创造的农业历史景观，与其他村落连成一片，在当地被称为"万贯"，故取名"万贯冲梯田"，是湘西稻作文化的典型代表，是具有农耕文化特色的历史遗

图2-5 依山而建的民居[1]

---

[1] 徐靖婷：《瑶族传统村落保护与民生改善研究：以湖南隆回崇木凼村为例》，《中国文化遗产》2015年第1期，第41页。

存。该村的梯田具有海拔高、坡度陡的特点，海拔高度在500~1 600米，地貌上呈现中低山、低山和丘陵。故而有"瑶山四月早飞花，峻岭平云满落霞。一唱高腔春万里，梯田叠印上邻家"的说法（图2-6）。村民至今依然还是延续传统的农业耕作方式，并且利用山上孔隙水来进行浇灌。另外，因为山体为花岗岩，而地表主要为沙壤土，吸水性极好，所以土壤吸收雨水之后可均匀渗出，形成优良的天然蓄水和分水系统[1]。与此同时，该村居民利用依山而建的房屋，用竹枧把泉水引到屋里，从而获得天然的"自来水"。

图2-6 梯 田

崇木凼村现有传统建筑150余栋，多为吊脚楼形式，造型古朴典雅，布局错落有致（图2-7）。一般建有两层，楼梯设置在屋外，二楼作为架空层，其作用主要是用来储物。值得注意的是，该村的少数民族受汉族人生活习惯影响，一层一般设神龛放置神主牌位，并将其作为堂屋，平时用来接待客人和作为家族活动的场所。

图2-7 当地民居[2]

崇木凼村完整地保留并延续着了花瑶民俗，形成以古树林、梯田、古寨三

---

[1] 湖南省政协文史学习委员会：《湖南农业文化遗产》，北京：中国文史出版社，2017年，第54页。
[2] 《寨不离树崇木凼树不离寨佑族人》，http://www.sohu.com/a/152465345_826037。

者浑然天成的村落格局。花瑶人崇拜树木，认为古树是神，护佑着生长在这边的族人，而其村名中带有木，就可见其对木的尊崇。加之，该村森林资源十分丰富，古树林面积达3.8公顷，上百年的古树有1 000多株，树龄最老的已有1 000多年的历史（图

图2-8　村落中的古树林

2-8）。当地还流传着和"崇拜"树木有关的故事。

在这片树林里，有一株树王，树龄过千年。一般情况下，树王不会结果实。可一旦其结果，村里当年的收成就不会好。因此，一直以来，村民就形成习惯，每逢过节或重大活动，到树林祭拜树王，祈求树王不结果。也正因为如此，瑶家人从来不冒犯古树。即使树木枯朽倒地，他们也不敢拖回家自用，而是让其自生自灭，还原于土。

由此可见，当地人对树的崇拜。另外，村里的古树还有一则与爱情有关的故事。

20世纪90年代以前，瑶族和汉族还没有实行通婚。花瑶族里有个姑娘和汉族小伙相爱。然而，他们的恋情受到族人的强烈反对。无奈之下，花瑶姑娘跑到树林里跟古树倾诉。往回走时，无意发现一对由两株不同品种树长成的"夫妻树"（图2-9），它们树根基部相连，像一对紧紧相拥的恋人。姑娘激动地跑回家，让大家看"夫妻树"。两棵不同品种的树都可以相合，为什么不同民族的人不可以呢？看过"夫妻树"后，大家大受启发，最终成全了这对恋人。

从中，我们可以看出以前少数民族和汉族是很少通婚的，但是到现代少数民族与汉族之间的通婚越来越多。虽然这是由于民族和谐的原因促成的，但是当地人依然愿意相信正是因为这

图2-9　夫妻树

对"夫妻树"在崇木凼村开枝散叶才有了现在的瑶汉通婚。这寄托着当地人对爱情的美好向往。

崇木凼村现存的历史遗迹较多,比如崇木凼古白栎群、金银花林、对歌岗、崇木凼歌舞表演场、崇木凼传统村落、普佛寺。地方民间风俗还有对歌定情、订亲伞、打泥巴、喊煞、新娘坐夜、花瑶丧俗;民间节庆有"讨念拜""讨僚皈"、二次"讨僚皈";民间演艺花瑶呜哇山歌[①]、梅山歌谣、崇木凼演艺;人文活动与民俗宗教活动的梅山技艺、钉铜活动;庙会与民间集会瑶寨文化体验、赶墟、瑶寨篝火晚会;特色饮食风俗栏门酒、连桌席、打牙祭;特色食品有土猪腊肉、猪血丸子、土豆百合粉、葛根粉、山蕨精粉、神仙豆腐、花菜宴、茶糍粑粑、莲子豆腐、瑶山古酒、茅坳云雾茶、洪口银针茶、草原银毫茶、虎形山福寿毛尖茶。

三、保护现状

崇木凼村的保护与开发同样也是复杂而曲折的,盲目发展旅游业带来了环境污染、文化价值丧失等诸多问题。所以,从 2014 年开始,政府与村民转变思维、调整发展战略,立足自身少数民族文化优势,确立了以发展文化旅游特色为核心理念,提出了以花瑶原生态生活、生产环境为核心,完整地保留了花瑶生活、生产民俗,包括:对歌、婚俗、讨僚皈、呜哇山歌、古树圣木、农耕等,延续着花瑶的原生态生活、生产的发展模式。

首先,坚持统筹发展理念,制定规划总体指导思想,积极处理保护和发展的统筹关系。规划秉承文化开发促保护的理念,力求通过开发实现崇木凼村资源整合和产业整合。依托崇木凼深厚、内涵丰富的原生态文化和保留完好的原生态环境,构建花瑶文化深度体验区,推动项目地旅游开发。

其次,坚持原生态文化深度体验的发展理念。通过山脚水田养殖、山腰金银花种植、山脊花瑶梯田劳作构建多层次、完整的花瑶生产系统,为游客提供花瑶生产

---

① 注:呜哇山歌是"高腔山歌"的一种,千百年来一直是生活于大山中的花瑶人的特色劳动号子。

游憩体验。通过古树林对歌、晒挑花和对歌、呜哇山歌、水田童趣体验、古木崇拜、讨僚皈、花瑶婚俗，构建活态的花瑶生活系统，为游客提供神秘多样的花瑶生活方式体验。以花瑶生活、生产环境和花瑶文化景观为载体，为游客提供慢生活体验，深度感受花瑶文化。依托花瑶古寨展现花瑶居民的聚居、生产、生活和繁衍，保持花瑶原生态文化的活力，为旅游发展提供持续的核心吸引力；通过金银花、梯田、挑花、服饰、古树等符号，强势展现花瑶文化。在古寨环境整治和新修建筑时，间插种植金银花、玉竹等当地特色中药材，美化环境，并借由植物精气提升空气质量；置水造景并进行小规模水产养殖，活化环境，同时提供多样的游憩活动环境[①]。

最后，建立良好的服务意识与优化管理措施，保护利用要与改善村民生活需求相结合。崇木凼村委会为了旅游产业能和谐、快速的发展，建立了一套运作规范、务实高效的经营管理体系，采用 ISO 9001 和 ISO 14001 管理标准，规范对内管理和对外服务，完善服务设施和安全设施，建立健全安全规章制度。与此同时，保持和改善传统村落的风貌、格局，维护和优化自然生态环境，实现消防、避灾等必要的安全设施以及水、电、路、通信等配套基础设施建设，开展多种农家乐，丰富当地居民生活的公共娱乐设施，鼓励当地人就业，将村落发展与民生发展有机结合。

由此可见，崇木凼村结合当地实际情况，深入挖掘富含当地少数民族特色的历史人文地理资源，坚持以人为本的发展思路，加强环境保护，因地制宜地发展地方特色，从而使当地人居环境得以改善，同时又带动当地经济社会的发展，提高了综合竞争力，适应了社会主义和谐社会发展的要求。

---

① 隆回县人民政府，http://www.longhui.gov.cn/Info.aspx?ModelId=51&Id=12376。

第三节　怀化市溆浦县葛竹坪镇山背村

一、概　述

山背村（图2-10）原名"三杯"，因神话传说而得名。位于溆浦县葛竹坪镇，紧邻虎形山，距县城75公里，距隆回县虎形山瑶族乡10公里。山背村面积7.5平方公里，海拔800~1 200米，居住着瑶、汉两个民族，以沈家湾、梓树组最为集中。由于地处山区，交通条件相对不便，村民主要收入只能依靠农业生产和林业，是典型的封闭式农业经济模式。据村落沈氏族谱记载，明洪武元年（1368年），沈氏花瑶族人从湖南洪江迁往山背村沈家湾居住。村落经过600多年的发展形成了如今具有21个居住组团的传统村落。

图2-10　山背村

二、传统记忆

山背村最为出名的传统村落记忆就是山背花瑶梯田（图2-11），这是非常典型的农业景观记忆，是湘西地区乃至西南地区农耕文化的历史见证。山背村村落布局是依山势地形而建，并且很好的融入山背花瑶梯田之中，传统村落建筑与环境融为一体，形成了梯田与村落的和谐共生。

山背花瑶梯田依山势，坐落在大峡谷里，高低落差达1 000米（山脚到山顶是300~1 400米），连片长度达7.5公里。根据考证，该梯田在先秦时期已有先民在此耕作，后经历唐宋的发展，定型于明清时期，是梯田稻作文化的典型代表，也见证了瑶族、汉族先民的勤劳与智慧，是一部非文字的古籍。该梯田蜿蜒迂回，高耸入云间，云雾袅绕，亦坐落深谷，线条优美，尤其在斜阳和彩霞的映照下，连片

图 2-11　山背花瑶梯田

的梯田就像浩瀚的大海,雄伟壮丽,层次分明,线条舒朗,五彩斑斓的颜色搭配形成天地之间一幅美妙的抽象画。有人描绘山背花瑶梯田在四季皆有不同特色,春如串串银链山间挂、夏似排排绿浪从天泻、秋像座座金塔顶玉宇、冬若环环白玉砌云端,刚好形成一年四季春播、夏耘、秋收、冬藏的农业景象(图 2-12)。尤其冬天农闲之时,人们会围坐在俗称"沿盆"的火桶旁进行烤火,火桶内盛有炭火的铁锅,沿盆中部盖有竹搭子,男女老少脱下鞋子,边烤火,边聊家常。值得注意的是,在山背村与邻村交界处公路旁的梯田,有一处"香地",经常散发出淡淡的清香,面积大约 300 平方米,世界罕见,一年四季都散发出一种奇特的香味,且早晚和雨过天晴之后香味更浓,中午的时候香味较淡①。有关专家推测,

图 2-12　山背梯田

---

① 罗建军:《天上人间　花瑶梯田》,《中国民族》2012 年第 10 期,第 54-55 页。

香味可能发自岩石或泥土中的一种微量元素。这种微量元素析出后与空气水分接触，产生一种带特殊香味的气体。至于时浓时淡，可能与气候、温度和元素析出量有关。

山背村村落民居是典型的湘西木结构，以传统民居建筑为主，具有鲜明的民族特色。房屋大都为一层或两层，一楼住家人，二楼则是用来堆放杂物、农产品或是作为客房，于是茅厕则只能移到屋外，在露天进行方便。房屋的门槛设置比较高，几乎过膝，这是由于山背村地处山区，多蛇虫鼠以及其他野兽，故而设置高门槛以抵挡这些"不速之客"。在这些民居中最具代表性的是呈"凹"字形的"双手推山"式，凹形平面的中部是建筑的主体部分，为会客和家庭祭祀活动空间，左右两边凸出去的部分为附属用房和居住空间。由于受到山地地形的限制，村内建筑类型以独栋的形态呈现，没有合院式的平面类型，保存了较为原始的居住形态。根据对村落现存民居建造年代及当地瑶族村民居住模式的分析发现，民居中祭祀祖先和举行家族会议的堂屋是整个民居建筑的核心空间，再加上日常生活所需的起居空间和附属空间构成了民居形态的原形。这种形态原形同时也符合了穿斗式木构建筑由三榀屋架组成的最简单的居住建筑形态[①]，形成了村落，与梯田是和谐共生的关系（图2-13）。

图2-13　山背村的吊脚楼

山背村的宗教信仰相对其他少数民族村落来说较为多元。该村建有崇尚佛教的保泰寺，该寺位于天宇峰，是汉族宗教信仰的场所，显示了汉族对该村的影响。与此同时，花瑶人信奉瑶王，认为瑶王是整个村寨的守护神，所以在村寨的中心建有瑶王庙，这是村里的主要祭祀场所。瑶王的塑像位于庙宇正中央，采用当地麻石雕刻，风格粗犷。并且山背村的布局几乎都是以瑶王庙为中心，呈现了以信仰为中心

---

① 张志强，等：《基于聚居动态进化理论的传统村落形态演变研究——以湘西地区山背村为例》，《南方建筑》2018年第3期，第72页。

的传统村落布局。

山背村的花瑶由于地处山区，依然保存着最原生态的民族特性，有打泥巴、顿屁股和讨僚皈（图2-14）等诸多婚礼习俗。"讨僚皈"是瑶语音译（汉族人称之为"赶苗"），"讨"是汉语"走"的意思，"僚"是"诅咒"的意思，"皈"指菩萨，"讨僚皈"意思是逃脱凶恶的菩萨。讨僚皈是雪峰山一带

图2-14 讨僚皈习俗

花瑶为纪念惨遭杀戮以及颠沛流离的祖先而兴起的传统节日。每年的农历七月初八至初十，山背村的花瑶人都会着盛装到临近的隆回县小沙江崇木凼凼赶集会友，参加诸如鸣哇山歌、情歌对唱等节日活动。活动中，一般歌声中男孩子会称女孩子为"妹"，女孩子则会称男孩子为"郎"，以彼"问"此"答"进行对唱。以此表达彼此浓浓的爱意。经过一段时间的交往和了解，如双方情投意合，就会互赠小件饰物作为定情信物，在确定恋爱关系后告知父母，一般都会得到父母的认可。当姑娘、小伙到了愿嫁愿娶的时候，男方的父母就会为他们找一个媒人，请媒人去女方家上门提亲。于是婚姻便正式进入订婚、结婚等议程。

顿屁股，当地瑶语称"打滔"，是来参加婚礼的众男女闹婚的一种集体游戏。因为在新郎家大宴宾客后，晚上山背花瑶是不准闹洞房的。新郎不得与新娘入房，而是要与宾客们一同围火而坐。这时，新郎家会在堂屋生上一盆炭火，或者屋前的空坪架一堆篝火，围摆一圈矮木凳，男人们依次坐在木凳上，妇女们（包括姑娘）会排队依次坐在男人的大腿上，刚开始只是慢慢地、轻轻地"顿"，一个"顿"一个，接着女人们在吆喝声中，开始用大力气大幅度地"顿挫"，越"顿"越快，越"顿"越猛，有的屁股还要来一个45°的旋转，直"顿"得男人们求饶也不肯止，整个屋里充满着欢声笑语，场面异常热闹。由于花瑶婚礼上的"打滔"，有"三天不分大小"的说法，因此在狂热的欢笑声中，即便是个别调皮的小伙子顺势将自己心仪的姑娘搂进自己的怀里，做点什么小动作也不算违规，男人们也可以反过来将"顿"他的人按坐下去，用自己的屁股猛"顿"女人的大腿。"顿"到高潮时，几个

女人还会拉住一个男人的四肢,在半空中来回"撞油"或抛向空中,直到精疲力尽方才罢休(图2-15)。

图2-15 顿屁股场景

其他诸如在发亲的时候,早就守候在门口的娘家姑娘们就会蜂拥而上,将准备好的稀泥巴拼命地朝媒公们身上、脸上、背上使劲地乱涂乱扔,直到鞭炮燃完才停止。媒公们被"打"得满身稀泥,却喜笑颜开。因为花瑶人认为泥巴是生育力的象征,在婚礼上"涂泥巴"代表了娘家人美好的祝愿,是希望自己的女儿以后的生活红红火火、幸福美满,所以在他们看来,被涂上泥巴的衣服便充满了喜气,泥巴抹得越多表示越受欢迎,收到的祝福越多,越是吉利,他们会把涂上泥的衣服晾在家里,3天不洗[①]。

这些在现代人看来颇为怪诞与疯狂,却能更为真实地反映瑶族母系氏族社会遗留下来的风俗,表现了其民族悠久的历史文化。其他风俗还有当日死人当日埋、绣个花帽翻翻戴、腰带里面绣口袋、裙子两面穿轮回、不穿袜子裹绑腿、四季服饰通穿戴等。

---

① 徐猛,刘冰清:《溆浦山背花瑶婚俗考察》,《长江师范学院学报》2014年第5期,第38、40、41页。

三、保护现状

首先，山背村的保护与开发主要是以政府为主，村民参与为辅的方式。山背村成功申报入选第三批中国传统村落名录后，在 2014 年完成了《湖南省溆浦县山背村传统村落保护发展规划（2014—2030）》，规划中明确指出对村落进行核心区、建设控制地带、风貌协调区的三级保护区划定，村落形态演变中出现的问题开始有所遏制，传统形态得到了相应保护，从而建立起严格有效的古村落保护体系。另外，山背村成立了古村落保护领导小组，并在村里设立古村落保护和利用办公室，主要负责古村落日常管理。这些措施在保护与开发过程中起到了积极作用。

其次，村民的自我参与。山背村的主体是当地村民，只有将村民纳入管理体系中，使当地村民形成主人翁意识，才能更好地保护和开发。因此建议政府将每年的收入分红根据村民入股股权的配比进行年终分红，并积极帮助村民通过农家乐的形式，增加村民收入，并从制度上保护村民的切身利益，从而在基层做到对古村落的保护。

最后，加强环境卫生意识。山背村不断加强村落的管理和清洁工作，并且对游客也进行积极的宣传，从而使村民和游客共同保护这一历史文化遗产。与此同时，山背村加强各类卫生设施的配置，合理分布卫生间建设点，减少对水体和土壤的污染，保护环境，使人与自然和谐共存。

显然这些措施是具有积极意义的。在这样的保护和开发模式下，使原有古村落的空间、形态、建筑、院落原貌得以保存，并且保持原有村落的布局与梯田的水源系统，丰富村落的公共空间，凸显湘西少数民族传统村落的特色。

第三章
农业习俗型传统村落

第三章 | 农业习俗型传统村落

本章重点介绍以农业习俗为特色的传统村落。农业习俗型村落主要是以农业习俗或是农业民风民俗，包括其农业节庆、农业信仰等为主的传统村落。这些村落都根据自身的特点，呈现多种形式的农业习俗。比如湘西土家族苗族自治州保靖县碗米坡镇首八峒村、古丈县默戎镇龙鼻村、花垣县排碧乡板栗村、吉首市矮寨镇德夯村、龙山县苗儿滩镇惹巴拉村、永顺县大坝乡双凤村、凤凰县山江镇老家寨村等，这些传统村落都保有少数民族传统农业习俗，并各具特色。很多村落的民俗都包涵着涉及农业的人口迁徙、农业耕作、狩猎捕鱼、蚕桑养殖、饮食起居、神话传说等方面，展现了多姿多彩的湖南少数民族传统农业文明。除此之外，像益阳市安化县东坪镇唐家观村、江南镇梅山村，郴州市桂阳县太和镇地界村、莲塘镇大湾村等传统村落，则表现出非常典型的汉族农耕文明特点，村民大都是在古代从其他省份迁徙而来，以汉族为主体，村落中依然保留具有儒家文化特色的宗祠、祭祀礼仪、饮食风俗、民间文学等。综上所述，具有农业习俗类型特点的湖南传统村落有着十分明显的民族性、区域性以及封闭性。

第一节　怀化市洪江市洗马乡古楼坪村

一、概　述

古楼坪村（图 3-1，图 3-2）位于怀化市洪江市洗马乡。该村所属的洪江市历史非常悠久，早在春秋战国时期已与中原地区有所联系，当时属于楚国。秦统一六国后，属黔中郡。西汉高祖五年（公元前 202 年）置镡成县，县治在今黔城镇，属武陵郡。西晋永嘉（307—313 年）后，北方战乱，大量南迁的汉人给古老的洪江带来了中原先进的生产技术和文化，使洪江的经济文化有了大的发展。五代时，洪江地区的居民大部分以少数民族为主，废县置州，仍称叙州。宋元丰三年（1080年）改置黔阳县，该名一直沿用到 1997 年，黔阳县与洪江市合并，仍称洪江市。

古楼坪村所属洗马乡总面积 66 平方公里，辖 16 个行政村，古楼坪是其中

图 3-1 古楼坪村全景

的一个村，是属于当地人口中的"上八村"。农业生产以种植水稻为主，但不适宜种植双季稻，还种植生姜、油菜、甘薯、辣椒、桃、梨等。沪昆高速溆浦连接线穿境而过。洗马是两市（怀化、邵阳）三县（洪江、洞口、溆浦）交界处最繁荣的乡集镇之一。是湖湘文化、五溪文化和梅山（新化、安化）文化的交汇处。

古楼坪（图 3-3）村距县城 18 公里，离乡政府 15 公里，东接洞头村，西邻施秉县马号乡，北连芽溪村，南抵金堡乡。平均海拔 1 000 米以上，村辖 13 个村民小组，460 户，总人口 2 038 人，主要是以汉族人为主的村落，属亚热带季风湿润气候。村内地形山高谷深，峰峦叠嶂，林木茂密，主要还是依靠农业为生。

图 3-2 古楼坪村建筑

二、传统记忆

雪峰"断颈龙"(图3-3)是古楼坪村传统民俗,其影响波及范围达洪江市以及周边地区,一般都在农历正月初四到正月十四举行。它的历史十分悠久,形成于唐代,兴盛于宋元时期,完善于明清,有近1 400年的历史。2007年被列入怀化市非物质文化遗产名录,2009年被列为湖南省省级非物质文化遗产①。

图3-3 雪峰"断颈龙"场景

这一农业习俗是什么时候流传下来的已无从考证,但是围绕着这一习俗的传说很多。相传,洗马的这种龙灯叫做雪峰"断颈龙",它起源于1 400年前,唐太宗时期名相魏征误斩有功之龙的传说。后人为纪念这条有功之龙,遂扛起了龙灯,每逢春节进行表演,久而久之,便成了一种独特的龙首和龙身分开的龙灯文化。随着人们的不断迁移,他们把龙灯文化也带着走,当大家最后定居在洗马不再流动时,这种龙文化也随之在当地传播开来,在雪峰山区逐渐为人们所接受,所以现在就叫做雪峰"断颈龙"②。

另外,还有更为详细的传说。

相传,泾河、渭河交汇的陕西境内高陵县船张村有一个古老神奇的传说。唐太宗年间,玉皇大帝派渭河龙王和泾河龙王分治两河流域的雨水气候。泾河龙王兢兢业业,使管辖区域内风调雨顺、五谷丰登,人民安居乐业。而渭河龙王则无所事事,百姓牢骚满腹、怨气冲天。唐太宗李世民赏赐了泾河龙王三担瓜子金,而渭河龙王却受到朝廷的警告。渭河龙王心生嫉恨,从自己的"打手"中挑选出一条玩世不恭的孽龙潜入泾河。从此,泾河流域时而久旱无雨、赤地千里,时而暴雨连降、两岸决堤。泾河龙王得知真相,披挂上阵与渭河孽龙展开了殊死搏斗。一时间,泾

---

① 湖南省政协文史学习委员会:《湖南农业文化遗产》,北京:中国文史出版社,2017年,第106页。
② 易达,等:《雪峰"断颈龙"》,怀化新闻网.http://www.0745news.cn,2007-2-26。

河流域狂风大作，暴雨倾盆。李世民派宰相魏征进入泾河流域，召见泾河龙王问个究竟。渭河孽龙闻讯逃跑，魏征误以为是泾河龙王为非作歹、乱施淫威。一气之下，令精兵将泾河龙王现场缉拿。泾河龙王来不及申辩，就成了魏征的刀下之鬼。泾河龙王不仅龙头被斩断，而且全身被斩为13节，仅有龙皮相连。被蒙冤误斩的泾河龙王死不瞑目，夜夜托梦给皇上，诉说不白之冤。李世民得知真相，怒不可遏。下令御林军围剿渭河孽龙，同时，还亲率宰相官员，登门拜访黎民百姓，为泾河龙王平反昭雪，御令民间烧香祭奠泾河龙王①。

还有当地易姓村民描述：唐朝贞观年间，泾河龙王化身为凡人，在长安街与鬼谷子仙人打赌。当时正是久旱无雨。龙王抽签问鬼谷子仙人何日有雨。鬼谷子仙人回答道："明天午时排云，未时下雨，城内下三分，城外下六分。"龙王道："明日如果不下雨怎么办？"鬼谷子仙人道："愿拆下招牌。"次日，龙王不按玉帝旨意，城内下了六分，城外下了三分。玉帝知道后说："龙王不遵天令，错行雷雨，犯砍头之罪。"并命令唐王驾前丞相魏征于次日午时行刑取斩。龙王知道后托梦给唐王求救。唐王答应救龙王，龙王将三石六斗瓜子金放于唐王床边当作谢礼。次日午时，魏征在梦间斩了龙王。有一日，唐王魂游地府时与老龙相会，被老龙责问其不守信用。唐王当即表示回宫之后，"描龙王之体，复龙王之貌，茶油灯火复体，命黎民百官将龙王光身舞之"。从此每年春节民众舞起雪峰"断颈龙"，以纪念被斩的泾河龙王。这个传说还被编为辰河戏《魏征斩老龙》在雪峰山区内广泛演出。魏征是中国历史上有名的谏臣。在百姓心目中，他是一个忠君爱民、敢于牺牲、不畏强权的英雄人物。雪峰"断颈龙"的舞龙人期盼他"抗皇命，斩恶龙"，为身处恶劣自然环境和社会环境下的雪峰山区民众做主，反映了古代雪峰山区民众对自由、幸福生活的向往和追求。另外，在雪峰"断颈龙"舞龙人的意识里，唐王和龙王却是不尊号令、不守信用、贪图小利、反复无常的反面人物。这种意识从一个侧面反映了五溪地区民族的兴衰，并显示了其同化融合过程是艰难曲折的。②

于是，对照两种说法我们可以发现：传说发生的时间都是唐代，而且都是和龙

---

① 邓剑军:《雪峰"断颈龙"》，湖南非物质文化遗产网，http://www.hnfwzwhyc.cn，2009-2-26。
② 袁小玲:《雪峰"断颈龙"的生存现状与发展对策研究》，吉首大学2010年硕士学位论文，第18页。

王、唐太宗、魏征有关。由此可以发现，龙王掌管着雨水，唐太宗代表贤君，魏征代表能臣。显然，说明当时的人们正是因为遭逢战乱，苦不堪言，而纷纷迁入这一地区，繁衍至今。但依然保持这一传统，并且迁入的易氏先民，为纪念泾河龙王的功德，用竹篾扎其龙头、龙身，取名"断颈龙"，并且做成泥塑镶嵌在宗祠屋脊之上，并专门修建了用于祭祀"断颈龙"的风雨桥，取名"接龙亭"。所以，这些做法明显符合中国传统社会百姓们对政治清明、风调雨顺的期望，体现了非常淳朴的世俗社会生存观，并且也体现出了中原文化对湖湘文化的渗透，也进一步为传统农业民俗的传承打下坚实的社会基础，使得"断颈龙"成为这一地区独具特色的民间舞乐文化。

"接龙亭"的另一种说法是为了供奉"杨氏将军"（图3-4）。据1994年由怀化市志编纂委员会主编的《怀化市志》描述："杨氏将军"即飞山蛮酋长杨再思亦系汉人，由淮南白沙县迁来。其始祖为东汉太尉杨震。下传十一世，至杨盛帐，隋开皇九年（589年），授淮南白沙县。帐生三子。曰林琅、林党、林牒。牒生三子，曰居安、居忠、居本。居忠自淮南徙叙州，生再思、再韬。马殷遣吕师周破飞山后，杨再思率众附楚，授诚州刺史（据谱称马殷以女妻之）。再思生十子，散掌州峒，号称十峒首领。杨氏和峒蛮通婚，逐渐接受土著文化，所以宋代称他们为仡伶杨氏[①]。从中，我们可以看出迁入的汉族人在漫长的岁月中逐步接受了侗族的文化，

图3-4 接龙亭与"杨氏将军"牌位[②]

---

① 怀化市志编纂委员会主编：《怀化市志》，北京：生活·读书·新知三联书店，1994年。
② 袁小玲：《雪峰"断颈龙"的生存现状与发展对策研究》，吉首大学2010年硕士学位论文，第19、20页。

从文献的记载中明显可以看出侗人汉化以汉族名人为祖先的一系列做法。然而，不管是汉人侗化或是侗人汉化，都呈现出民族和谐、民族共生、民族融合的好现象。现在接龙亭的性质已大致和瑶族凉亭相似，是用来供行人歇息，提供茶水的地方。

雪峰"断颈龙"由"万岁牌""宝珠""龙头"和13节断开的"龙身"组成，13节"龙身"用白布相连。其中，"万岁牌"代表皇上，寓意皇上开路、寻访世间；"宝珠"象征魏征为首的官员，代表官员随扈，陪同巡视。"龙头"和"龙身"则代表冤死的泾河龙王，象征龙王保佑国泰民安。这一民俗仪式主要包括出灯、下拜帖和残灯仪式，从正月新年开始迎接龙灯，到正月初四点灯，直到正月十三结束。龙头和宝珠舞动的程式有握把、单龙追宝、雪花盖顶、黄龙缠腰、画眉跳涧五种形式。

出灯仪式（图3-5）是整个仪式的预备，包括祭祖、点睛和拜庙。仪式隆重而庄严，有完整的程序。祭祖和点睛是在易氏大祠堂举行。仪式开始时锣鼓鞭炮响起，村民们早早等候在祠堂观看隆重的祭祖仪式。仪式由"灯炮长"主持，专职祷告的老人烧香焚裱祈求祖先的保佑。点睛仪式开始，"灯炮长"持毛笔给龙眼抹上赤红的朱砂，四个龙头、两条龙身在祠堂里围着祭祖的供桌舞动起来。老人焚裱后还要把余下的纸灰放在装了水的碗里，然后再倒在供桌前。祭祖仪式、点睛仪式完成后龙灯离开祠堂，首先在附近的洗马中学校园里"耍一下"，然后再去祥优山拜庙，当地人关于龙灯出灯仪式的顺序有一句顺口溜："先祠堂，再学堂，后庵堂"①。从以上的仪式可以看出，过程带有十分浓重的民间信仰和家族色彩，具有十分典型的儒家思想，主

图3-5 出灯祭祖仪式[2]

---

① ②袁小玲：《雪峰"断颈龙"的生存现状与发展对策研究》，吉首大学2010年硕士学位论文，第21页。

持祭祀者皆为家族中的老人或是族长。

下拜帖是在出灯仪式后的第二天晚上举行，龙灯要去各家各户拜年。龙灯来的前一天，每户人家都会收到一到几张不等的拜帖，拜帖上分别写着"贺新春""贺华堂"或者"贺龙孙"等。不愿接帖的人家在天黑前将拜帖放到堂屋门前的石头上，龙灯就不进他的家门。而接帖的人家听到龙灯锣鼓声响，都会欢欢喜喜地打开堂屋门，迎接龙灯的到来[①]。"断颈龙"舞龙程式刚柔并济，兼具南北特点。其出列阵容庞大，一般有一面大锣，两只铁铳开路。牌灯在前，上书"国泰民安""风调雨顺"等吉祥句，散灯在后，有狮灯、车灯、花灯、动物灯、故事灯、蚌壳灯、彩莲船等。其中制作精美的故事灯最具特色，民间传说、故事人物应有尽有，有的龙灯队配有故事灯 200 盏以上。断颈龙灯的表演形式别具一格，由引宝领舞，龙头与龙身分离，带以双头与宝珠相舞（图 3-6），灵活多变，自成套路，而龙身以滚灯为主，恰似蛟龙行空，配以激昂的辰河高腔锣鼓乐曲，催动助兴[②]。这样的仪式颇有中原文化中的团拜形式，同时也寓意人们对新年的良好祝愿。

图 3-6　雌雄两个龙头和宝珠[③]

残灯仪式是在正月十三晚上举行，地点在接龙亭旁的小溪，仪式由"灯炮长"主持，将舞动的龙头、龙珠、龙身全部烧毁，并焚香祷告，寓意着泾河龙王的魂魄回归大海，并宣告整个仪式的结束。人们开始新的一年的生活。

雪峰"断颈龙"除了"断颈龙"外，还有故事灯、蚌壳灯（图 3-7）、狮灯等相关灯会。故事灯主要以"大禹治水""魏征斩孽龙""八仙过海""哪吒闹海""龙宫借宝"以及《三国演义》《西游记》《水浒传》中的精彩故事为主题，同时伴有诸如

[①] 袁小玲：《雪峰"断颈龙"的生存现状与发展对策研究》，吉首大学 2010 年硕士学位论文，第 22 页。
[②] 五溪文化网，《雪峰"断颈龙"》，http://www.wxwh.net.cn，2008-2-27。
[③] 袁小玲：《雪峰"断颈龙"的生存现状与发展对策研究》，吉首大学 2010 年硕士学位论文，第 25 页。

图 3-7　舞蚌壳灯

"五畜""六牲"的动物形象,寓意百姓安居乐业、风调雨顺、五谷丰登、六畜兴旺。蚌壳灯则是演绎了一出非常动人的爱情故事,描写了打鱼郎与蚌壳仙女相恋的动人故事,表现了人们对于美好爱情的向往。狮灯则象征镇妖驱邪,也是雪峰山区民众骁勇彪悍的性格写照。

由此可见,这些带有十分浓郁农村气息的民间风俗,包含着朴素的文学、音乐、舞蹈、说唱、戏剧等形式,体现了中原文化与湖湘文化的融合,是反映南北文化交流的有力证明,是传统村落记忆不可多得的活标本。

三、保护现状

洪江市政府在保护和开发初期并未盲目进行建设,而是在通过慎重的规划和听取各方意见的基础上展开的,其核心就是要保护和延续村落原始的布局结构和历史脉络。

基于以上原则,首先,当地政府贯彻《国务院关于加强文化遗产保护的通知》

（国发〔2005〕42号）和《湖南省人民政府办公厅关于加强非物质文化遗产保护工作的意见》（湘政办发〔2005〕27号）"保护为主、抢救第一、合理利用、传承发展"的原则，把工作落实到实处。洪江市政府于2006年成立洪江市非物质文化遗产保护中心，全面系统地对包括"断颈龙"在内的非物质文化遗产进行研究、保护、传承和发展，并组织相关研究人员对这些非物质文化遗产进行抢救性保护，收集和整理相关资料，并留存影像资料。

其次，根据这些资料，重新对雪峰"断颈龙"灯舞进行改造，并组织相关部门加大宣传，培养专门的人才，鼓励更多的当地居民参与此项活动，并组织相关演出活动，进一步推广该地区的民间艺术。

最后，政府加强资金投入，并设立专门的保护资金，提升对非物质文化遗产保护的力度。与此同时，明确了古村落的地位、保护内容和保护措施，明确了村民委员会和村民在古村落保护中的权利和义务，并对古村落的保护开发给予政策上倾斜。

第二节 湘西土家族苗族自治州花垣县排碧乡板栗村

一、概　述

板栗村（图3-8至图3-20）位于湘西土家族苗族自治州花垣县排碧乡，分别与花垣县的董马库乡、吉卫镇、麻栗场镇接壤，距花垣县城34公里，面积2.5平方公里。板栗村主要是苗族聚居村，因板栗树多而得名，村里建筑整体呈"品"字分布，被称为"赶秋第一村"[①]。板栗村保留了"赶秋节""二月二"等具有农业特

[①] 注：赶秋节又称秋社节、交秋节，是湘西花垣、凤凰、泸溪等地苗族人民的传统节日。在立秋时，当地群众停止干农活，穿上盛装，结伴成群，欢聚在传统的秋坡上，进行打秋千、吹笙、歌舞等娱乐活动。活动完毕时，由众人选出两位有声望的人装扮成"秋老人"，向大家预祝丰收和幸福。

图 3-8　板栗村（吴昊）

图 3-9　板栗村村大门（吴昊）

图 3-10　板栗村建筑（吴昊）

色的习俗。每逢节会，表演诸如绺巾舞、师刀舞、农耕舞等苗族传统舞蹈和傩戏及椎牛、上刀梯、踩哗口、吃碗、吞竹筷等苗族传统武术绝技。与此同时，板栗村具有十分丰富的饮食文化，如板栗油豆腐、古村腊肉、烟竹笋等都体现了十分明显的农家特色。

图 3-11 村口的梯田（吴昊）

图 3-12 因火山爆发形成的梯田（吴昊）

图 3-13 板栗村的吊脚楼（吴昊）

图 3-14 熏烟房（吴昊）

图 3-15 瓦房（吴昊）

图 3-16 窗户（吴昊）

图 3-17　村中心祭祀场所（吴昊）

图 3-18　板栗村民居（吴昊）

图 3-19　依山而建的苗族民居（吴昊）

图 3-20　板栗村苗族民居门前（吴昊）

二、传统记忆

还傩愿是中国傩文化的重要表现，也是一种古老的民间文化。现主要分布在湘、鄂、川、黔的边区，尤其湘西、湘西北、鄂西、云贵边地，至今还以"还傩愿""傩堂戏""傩愿戏""神戏""师道戏""端公戏"等名称出现，还傩愿最显著的特征就是演员均戴假面具出场（图3-21）。板栗村的还傩愿仪式舞蹈即是其中一个代表。它是湘西苗族还傩愿

图 3-21　还傩愿的面具

仪式文化的表现形式之一，凝聚了苗族的厚重历史，积淀了苗族文化的深厚内涵，饱含着苗族人民浓厚的传统意识。

还傩愿仪式的起源可以追溯到远古时期的苗族起源时代。据民间传说和相关史料记载，最早苗族的祖先蚩尤曾与黄帝、炎帝处在同一个时期。在那个"万物有灵"的时代，人们面对自然界各种无法解释和掌控的事项和事件，总以为有一种超自然的力量主宰着世上的万事万物，由此便产生了最早的巫术及巫术仪式。而主持巫术仪式的部落酋长或首领在蚩尤部落中被称为"巴代"。直到今天，苗族社区中主持"椎牛""还傩愿"等巫傩仪式的人仍被称为"巴代"——苗族社区主持巫傩仪式且能沟通神灵的人。这一地区很早就有人类生活的痕迹。同时，相对封闭的环境又造就了其文化习俗传袭的单一性，使得在当下依然能保有较为传统的习俗。

还傩愿仪式在板栗村每年都会举行，几乎每户人家都会这一仪式，是村里比较重要的节庆活动。每当板栗村人碰上三病两痛，三灾六难，人们就相信是由于鬼神作祟引起的，所以就希望通过向傩愿菩萨许愿，希冀神灵庇护自己。另外，每当逢年过节或是遇到节日、家有喜事，都要举行"还愿"，兑现先前的许诺，称"还傩愿"。与此同时，板栗村的小孩每当满3岁、6岁、9岁的时候，每户人家都会请来巫师"渡小关"，当男孩子12周岁的时候，也是要请巫师渡童子关，当地称作"渡关"，也称"还傩愿"。显然，还傩愿在板栗村人心中已经不仅仅单纯是一种巫术行为，而且已经融入了生活的方方面面，成为生活中不可或缺的一部分。

还傩愿有一整套完善的巫术体系仪式，共有唱腔曲牌30多种，用打击乐按腔伴奏，其基本具备戏剧形式。还傩愿仪式之前需要准备五样事物，缺一不可。第一，准备香纸，用来印制牒文、看馔文、申神愿文，数量基本上都是近千张。第二，准备铃、锣鼓、器皿等法器，这是还傩愿必备的物件。第三，确定还傩愿的占卜日期，事先准备好猪、羊、鸡、鸭等祭献所用的牺牲，并且在处理过程中要保持祭品干净，以示对神灵的尊重。第四，选择地点搭台，这个地方可以是村庄广场，亦可以是自家的院落，但有一个标准就是地面必须打扫干净，便于舞蹈活动及做法事。与此同时，还愿的人家既定"还愿"，要搬弄还愿的行头家什，还要招呼傩愿戏子及远道看戏的亲友同伴。届时班主率领10~15人不等，吹动牛角，热热闹闹到主家选场、搭台、打前台锣鼓。最后，要设置供桌。供桌要摆在堂屋神龛两三尺

图 3-22　祭祀的神像

处,需要放置一张八仙桌,桌上首放一只小凳,凳上置一横板,用来供奉三尊傩神雕像(图 3-22)。

这三尊傩神雕像分别是飞天五岳都总大帝(男,红脸);清源妙道傩部真君(男,黑脸、三只眼、鼓眼睛);五通五显华光大帝(女,白脸);另外,在八仙桌前侧围一块红色桌围,桌后侧用两根竹子支起一块黑布幕,称为"神帐"。傩神前置一方斗或升子,斗内装谷子或米糠,中间插一炷香和印有"前传后教,历代宗师"的宗师印牌。

一切准备就绪之后,就开始整个还傩愿仪式。第一步就是请灶神,苗族巴代在灶头一边念经,一边焚烧纸钱,恭请灶神下凡,以飨食司厨。这就是还傩愿的开始仪式。第二步就要宰杀牺牲,这是事先准备好用来祭祀的猪、羊,有时候也用鸡。这些牺牲必须是现场活杀。在宰杀过程中,巴代会穿上法衣,吹起牛角,来回摆动绺巾,并同时诵念经文,手摇铜铃,不停地用马鞭敲地,等猪羊宰杀完毕。第三步就是唱神话歌,一般苗族巴代会唱这样的洪水神话歌,其大概意思为:由于上古时遭遇洪水,人迹灭绝。然而,有一对兄妹却在神的庇佑下得以存活。他们为了人类的繁衍,在神的旨意下,滚磨成亲,这就是最初傩公傩母的由来。这颇似中国少数民族版诺亚方舟。第四步就是铺坛建房,这时候巴代就会继续唱颂经文,经文的意思是给神建房,又称为"插营插寨",给神灵安一个舒适的家,让神灵来居住,从而庇佑祭主。与此同时,苗族巴代会将白练一端穿过屋脊,将另一端压至主神台上,寓意请神仙(二十四诸天大神和七十二煞神君)顺着白练下凡。接着,马上就要献上刚刚宰杀并已煮熟的献祭猪羊肉,即所谓的请神下马休息。这时候,整个还傩愿仪式就告一段落,接下来仪式就要从晚上开始。

到了晚饭即将结束的时候,巴代脱下神衣,着便装再次唱起傩歌。等傩歌唱完之后就会去供台前取下傩母像脸朝着房间的正门,将傩像至于台前地上,并将之立稳,这被称为"立鬼"。这个时候,巫师会口诵经文,双膝跪地,向傩母祷告,向其探问占卜主家在收成、婚姻及财运方面的情形。然后,巴代会身披绺巾,然后口诵经文,念着众鬼神的名号,尊请各位戏神出洞,被称为开洞迎神,这是前面各个仪式和即将开始的还傩愿仪式舞蹈表演的过渡阶段,也是一个关键的阶段。

之后,还傩愿仪式的舞蹈表演就要开始,也是整个仪式的重点(图 3-23)。首先就是找龙脉,这时候巴代会一边敲着铜钗,一边向旁边的主家提出邀请,希望他与自己一同诵念经文,并且开始焚香烧纸来祭祀神灵。接下来,刚刚宰杀好的供奉物品会被人们纷纷抬上神台旁的桌子,被称为"上熟",就是献祭。巴代会穿上法衣,对着神台认真诵经,开始做法事。之后对着放宰物的桌子及房屋正门诵经,就是为了请傩公傩母来享受祭品。然后,还傩愿仪式舞蹈表演开始。在表演过程中,巴代会身着法衣,手执铜钗,绺巾披在肩头,背诵经文,并从另一苗族巴代手中接过一个小纸人,听说其是代表"愿"的。苗族巴代一边诵经一边打开小纸人,在将其拧成团后交予身旁之人,该人在接过这一纸团后,将其在门口焚烧,意为"送小鬼"。

图 3-23 还傩愿仪式舞蹈表演

"送小鬼"之后,巫师作为主祭,大家将锄头、斧头、柴刀、杵槌等置于神台旁边,肩披绺巾、身着法衣的巫师在诵经的同时,还在神台边用手做一个"点兵"的姿势,接着再用马鞭点地,示意士兵们开始赶路、干活,之后,巫师将斧头等生产用器具搬至门外,意思是让士兵利用这些器具挖洞铺路至仇人府邸。随后,再将傩母移至于门外,让傩母领兵出击,所有程序完毕,再请傩母回到神台。讨愿、点兵环节完毕后，也就进入了傩戏的最后环节。这个时候天色已亮，已是第二天的白天，进行最后的还傩愿仪式舞蹈。舞蹈结束后，会进行送神，就是拆下神台，拆下的神堂饰物拿到地上点火焚烧，同时傩公傩母像由主人家带到附近一座山上，巴代跟随其后，收好傩公傩母像。还傩愿仪式到此全部结束。

综上所述，板栗村的还傩愿仪式具有很强的民族性和宗教性，表现出人希望能与神沟通的愿望，相信一切都是冥冥之中有神在保佑。同时表现出人们在其中不断提醒自己的信仰，不断深化自己的信仰，同时也在不断构建自己的信仰体系，是很好的传承文化的契机。同时又具有十分浓厚的生活性，传达着宗教仪式与道德规范，从而规范人们的行为，并体现了人们对现实美好生活的追求，折射出积极的人生观。与此同时，还傩愿还具有游戏娱乐的功能，在整个仪式中，板栗村的人们享受了舞蹈运动的快乐，体现出了运动健身的功能，在仪式中玩耍，在玩耍中仪式，形成了"天人合一"的和谐相处模式，并在这个过程中，发泄心情、宣泄情感、调节情绪，具有促进家庭和睦、邻里团结的作用，并加强了民族内部的认同感。

三、保护现状

还傩愿仪式作为板栗村最为重要的非物质文化遗产，亦是体现少数民族传统农耕文明的重要文化载体，却在现代已日渐式微，尤其是年轻一代的村民对还傩愿仪式大都不感兴趣，从而出现后继无人的状况。这种状况归根结底还是经济因素，由于板栗村属于较为封闭的村落，经济欠发达，很多年轻人更愿意走出大山，而不愿意守在这已延续千年的古村落。所以，当地政府应当针对这一现象，制定一系列相关保护政策，并且在保护古村落的基础上，大力发展旅游经济，提升村落的整体生活水平，从而让更多年轻人愿意留下来。与此同时，要加大对还傩愿的研究，加大对非遗传承人的保护，并让非遗传承人参与日常教学，找到激发年轻人学习兴趣的关键点；而且政府加大培养资金的投入，这样才能有效抵制还傩愿仪式现在存在的商业渗透现象，防止非遗传统性的变化，避免对还傩愿仪式的原生性构成破坏。

第三节 湘西土家族苗族自治州吉首市矮寨镇德夯村

一、概　述

德夯村（图3-24）位于湖南省湘西土家族苗族自治州吉首市矮寨镇，地处武陵大峡谷中，距吉首市中心20公里，面积0.34平方公里。德夯村群山环抱，山势跌宕，峰林重叠，形成了许多断崖、石壁、瀑布、原始森林，有着丰富的动植物资源和秀丽的自然风光。该村将山地作为林地、平地作为农田和村庄用地。村里保留了较为完整的苗家吊脚楼（图3-25），主要以木房青瓦为主，呈现"大集中，小分散"的特点。

图3-24　德夯村全景

居民主要是苗族,主要的姓氏为石、龙、时等。村民大都信仰鬼神,崇拜自然,敬畏祖先。德夯男子平时头缠布帕,身穿对襟衣,这种衣服具有袖长而小、裤短而大的特点,和其他地区苗族一样喜欢包裹脚,颜色主要是以青、蓝为主,其中以花格布衣最有特色,衣扣一般为7颗,颇为简单。相反,苗族妇女的服饰却十分精美且复杂,衣服需要多加由额头包至脑后的包短帕一瑱,长3尺多,甚至连耳朵都要包裹在内。另外,妇女崇尚造型精美的各种首饰,以银饰最为普遍,其中以手镯和戒指最常戴。

村里保留了古代原始的榨油、造纸、碾米、织布技术,并且利用筒车进行提水灌田。与此同时,德夯村依然保有三月三、四月八、六月六、苗年、斗牛节、姊妹节等具有苗族文化特色的传统农业习俗。其中,"舞狮接龙"是用来祈求来年风调雨顺、五谷丰登、人畜兴旺的农业风俗。饮食主要有颇具苗族特色的酸鱼、酸肉、酸汤等食品。另外,苗鼓节也是德夯村苗族传统的神圣节日,时间是每年农历九月九,被公布为国家非物质文化遗产项目。

图 3-25 德夯风光和传统吊脚楼

二、传统记忆

德夯为苗语,其发音为"dei hang",意思是美丽峡谷,其自然景色优美,集高山瀑布、水潭、溪流、奇石和怪峰于一身，有"小张家界"之称（图3-26）。村内的流沙瀑布、天问台、盘古峰、九龙泉、姊妹峰等自然景观与吊脚楼、水车、祭坛、接龙桥等富有特色的人文景观融为一体。

图3-26　德夯大峡谷[1]

苗族是一个能歌善舞的民族，其民间舞蹈种类繁多，表演形式也是多种多样，祭祖酬神、婚丧嫁娶、年节喜庆，皆有歌舞。鼓舞在民间舞蹈中最具代表性（图3-27，图3-28）。其动作内容主要体现德夯苗族人民的生产劳作（耕田插秧、挖土种地、晒谷送粮、挑煤扯炉、爬坡下坎等）、生活习俗（梳头洗衣、纺纱织布、挑花扎染、推磨打粑、淘米煮饭等）、健身武术（雪花盖顶、舞挡背箭、拳术杂耍等）、动物仿生（猴子爬树、猴子掰包谷、猴子挠痒、猫儿洗脸、狮子滚绣球）等场景[2]。从这些表现形式上我们可以看到苗族鼓舞具有多种多样的形式，并且基本涵盖了全部的农耕文化，且富有农村的生活气息，是十分典型的农业民俗传统村落。

图3-27　德夯表演场[3]

图3-28　鼓舞场景

---

① 高嘉阳：《社区营造视角下德夯苗寨民族文化旅游研究》，吉首大学2017年硕士学位论文，第11页。
② 曾宪军，谭卫华：《论乡村旅游中的资源配置及原则——以湘西德夯苗族民俗文化村为例》，《怀化学院学报》2008年第9期，第10-11页。
③ 燕珍：《非物质文化遗产的本真性传承与保护研究——以湘西苗族鼓舞为例》，华中农业大学2015年硕士学位论文，第54页。

之所以形式会如此多样，主要是因为在湘西地区，苗鼓被苗族人看作一种神圣的器具，湘西苗族鼓舞深深扎根于苗族人民的日常生活和经济生产中，展现了他们虔诚的信仰和对古老文化的尊重，不断响起的鼓声、飘舞的彩带，彰显着他们不断拼搏、发愤图强的精神，折射出他们勤劳勇敢的品质[1]。根据清代严如煜《苗防备览·风俗考》中记载："（苗）刳长木空其中，冒皮其端以为鼓。使妇人之美者跳而击之，择男女善歌者，皆衣优伶五彩衣，或披红毡，戴折角巾，剪无色纸两条垂于背，男左女右旋绕而歌，迭相和唱，举手顿足，疾徐应节。"这里就明显指出的跳苗族鼓舞的是漂亮的女子，然后众多男女会围绕着唱歌。而清代康熙年间的《红苗归流图》中则有"苗人于农毕冬月跳鼓藏以祀神，先期设棚于寨外平坦处，预告亲友，至日，邻苗男妇老幼鼓吹而来……抵暮，主人率男妇击金伐鼓，群主棚下，设位奏乐以迎神"的记载，从中可以看出鼓舞是在冬月农闲时候跳的，并且具有宗教性质的祭祀，反映了农耕文明冬闲的特点。到了民国时期，由于民国政府认为"椎牛祭"是淫祀，屡出告示禁止，因而"跳鼓藏一类的鼓舞，已不常举行"[2]。不过，也正是因为如此，鼓舞逐渐从祭祀活动中独立出来，变成了当地苗人在每年正月初二到十五过年的演变节目，并且之后逢农历三月三、四月八、端午节、六

图3-29　鼓舞参赛者[3]

月六、七月七等岁节时庆，苗鼓的鼓手都汇聚到村寨的公共区域进行表演（图3-29），从而使得原本具有祭祀性质的舞蹈变成了具有娱乐性质的日常消遣活动，弱化了原本祭祀通神的功能，变成具有生活特性，表达民众喜悦之情的婚礼仪式、宴请宾客、丰收庆贺等场合的民俗活动。这样的一种转变，反而更加

---

[1] 罗婉红：《非物质文化遗产保护视野下苗族鼓舞的传承与发展——基于湘西州的考察》，《南京体育学院学报》2012年第5期，第9—12页。
[2] 凌纯声，芮逸夫：《湘西苗族调查报告》，北京：民族出版社，2003年，第150页。
[3] 邓燕珍：《非物质文化遗产的本真性传承与保护研究——以湘西苗族鼓舞为例》，华中农业大学2015年硕士学位论文，第55页。

提升德夯村民的民族凝聚力,并逐渐成为了德夯苗族的符号及德夯的文化符号,被评为国家级非物质文化遗产,并且产生了已传六代具有非遗传承人身份的女子苗鼓王。

现代鼓舞两大特点:一是边跳边鼓,即一边打鼓一边跳舞;二是"边鼓",即除舞者之外,还有一人敲边鼓作为伴奏,"边"即鼓身。《苗族鼓舞项目介绍》记录:湘西苗族鼓舞的舞蹈动作特点是"打鼓起舞,节奏明快,动作舒展大方,双手交替击鼓,两脚轮换跳跃,全身不停扭摆。"击鼓时,手拿鼓槌末端,用鼓棒顶端击打鼓面。击打鼓面手法有多种,如反腕、横击、竖打、斜砍、上提等(图3-30,图3-31)。无论哪种击法,鼓棒顶端与鼓面所成夹角一般为 30°~45°。低于 30° 击打鼓面容易受伤,且鼓声不清脆悦耳;大于 45° 击鼓,则不易击到鼓面,鼓槌顶端往往是擦着鼓面而过,鼓声弱小无力。击鼓时,手肘要放松,用手腕抖动击打鼓面[①]。

除了苗鼓之外,德夯还保有其他与农业相关的民俗,比如"椎牛",俗称"吃牛"。这是苗族传统的民俗,其目的是祈求消灾灭病,生活安康,许下椎牛心愿,并进行相关的祭祀活动。这些祭祀活动主要由巴代来主持,并且挑选好日子,提前

图 3-30 鼓舞现场场景

图 3-31 鼓舞预备势[②]

准备好祭祀用的牛、猪、鸡等,其祭祀活动大致与还傩愿相同。只是现在的椎牛活

---

① ② 邓燕珍:《非物质文化遗产的本真性传承与保护研究——以湘西苗族鼓舞为例》,华中农业大学 2015 年硕士学位论文,第 32 页。

动更多的是为了保持苗族习俗，一年一次或两三年一次。

德夯苗人在日常生活中还有许多具有特色的禁忌民俗[①]。一是与日常生活相关的禁忌，比如忌过小年。苗族是将立春后的第一个子日作为小年，在这一天当中，全家人必须做到都不说话、不劳动、不出家门，只能静静地闲坐休息，并且严禁坐在此地烤火，小孩也不能在此打闹。另外，忌讳坐在火坑的右边，因为德夯苗人认为火坑右边是祖先神位，坐在这个方位会冲撞祖先，只有家里的男性老人才有资格坐在这个方位。在这一天，不许在家里和夜间吹口哨，认为这样会招来恶鬼，给家人和村寨降下灾难。二是社会交往禁忌，比如非家庭成员男女之间不得同宿一屋，德夯苗人认为这样会破坏家里的脉气，带来厄运和污垢。同时，严禁外村人在村内用嘴发出"喔吠"的声音，这被德夯苗人认为没有家教。与此同时，德夯苗人非常忌讳别人称呼其为"苗子"或"苗婆"，认为这是对苗族的极大侮辱。另外，迄今当地还忌讳苗汉通婚，当地有"苗不粘客，铜不粘铁"的谚语，认为以前汉族欺压苗族。三是属于宗族祭祀属性。比如忌在村内修建宗教祭祀建筑，认为会给村里带来灾难。祭祀祖先时不允许村外人参加。忌吃狗肉和鸭子，认为狗是本民族的救命恩人，鸭子被认为是不好的东西等。

三、保护现状

德夯村的保护与开发很早就开始进行，但是由于其资金有限，故而曾多次向上级申请发展资金，于 1984 年春开通了 G209 线。从那时起，旅游业在当地村委的协同管理下正式启动。当时大家都不知道如何进行宣传，来德夯的游客很少，并且当时德夯村民未有商品经营意识，大部分时间都是向游客免费提供服务的。那时德夯旅游发展缓慢的原因归咎于村委管理出现问题、宣传不到位、游客对此知之甚少，直接影响了旅游经济提升[②]。之后，在通过慎重的规划和听取各方意见的基

---

① 莫代山：《旅游背景下禁忌文化的变迁与固守——以德夯苗寨为例》，《贵州民族研究》2014 年第 4 期，第 75 页。

② 高嘉阳：《社区营造视角下德夯苗寨民族文化旅游研究》，吉首大学 2017 年硕士学位论文，第 12 页。

础上，形成了要保护和延续村落原始布局结构和历史脉络的核心发展目标。加之，当地各方群体大动员，政府也给予相应的帮扶，帮其修建公路、接待所、歌舞广场、餐馆等相关旅游基础设施，与此同时，开始建立旅游公司，并且让村民参与其中，将村民纳入管理体系中，使当地村民形成主人翁意识，村落得以很好的保护和开发。

在此基础上，德夯村深度挖掘苗族文化资源，在不偏离文化本质的基础上整合成各类文化产品，如拦门酒、苗家做客等；并在开展篝火晚会时，请表演者穿上民族服装，结合舞台音响设备营造出热闹的民族文化氛围。同时在特殊的节日邀请各地的专家、媒体来参观当地民俗表演，既能达到宣传效果，又能在他们的评论中了解成功的项目及不足之处。政府的高度重视及不断宣传，直接提升了德夯在各个类似景区中的知名度，游客自然而然增多，并且采取政府和企业入股的形式，将每年的收入根据村民入股股权的配比进行年终分红，实现德夯整体经济提高。

第四章
农业聚落型传统村落

第四章 农业聚落型传统村落

本章重点介绍以农业聚落为特色的传统村落。农业聚落型主要是历史时期形成的人类农事活动的聚集地和栖身场所为主的传统村落。这些村落从自身特点来说，大都是以传统村落的建筑聚落为主，其民居多是明清以来的老建筑，其建筑特色多为吊脚楼，但自身又独具特色，并且都形成了较好的建筑与自然和谐统一的传统村落格局。比如衡阳市常宁市庙前镇中田村、岳阳市岳阳县张谷英镇张谷英村、益阳市安化县马路镇马路溪村、永州市江永县夏层铺镇上甘棠村、怀化市会同县高椅乡高椅村、邵阳市绥宁县在市苗族乡正板村等。本章就通过对具有农业聚落类型特点的部分湖南传统村落进行分析，从而找寻出其保存的传统村落记忆价值。

第一节　岳阳市岳阳县张谷英镇张谷英村

一、概　况

张谷英村（图 4-1）属湖南省岳阳市岳阳县张谷英镇，位于岳阳县以东的渭洞笔架山下，村域总面积 5.04 平方公里。山体包括龙形山、螺蛳吐眼、雨头咀、笔架山和旭峰尖，其中笔架山、旭峰尖等山体上留存的历史植被较多，品种以杉木及楠竹为主。

张谷英村坐落在一个群山环绕的开阔盆地之中，地势北高南低，村落南面广阔开敞，与远方的大峰山遥相呼应。盆地中有一座线形的小山丘，形似一条卧龙，人们形象地称为龙行山，龙行山昂首向东南，尾向西北。

相传明代洪武年间，江西人张谷英沿幕阜山脉西行至渭洞，见这里层山环绕，形成一块盆地，自然环境优美，顿生在此定居的念头。在大环境上，渭溪河环抱着张谷英村由东向西缓缓流去，构成了张谷英村"金带环抱"的绝妙山水格局。张谷英村建筑规模大，建筑风格奇，建筑艺术美，被誉为"天下第一村"，至今已存在 500 多年。保留了 1 700 多座明清建筑。

张谷英村的非物质文化遗产丰富多样。其一，地方风俗与民间礼仪包括湘北风

图 4-1　张谷英村聚落

俗和民间礼仪，16 条家规、5 条族规，启椟礼、存诚礼（匙箸礼）、燎脂礼、醑酒礼等 21 项。其二，民间节庆，包括具有乡土特征与儒家礼仪的过年、祭祖活动，清明、十月十日英公生日和九月九日良甫公生日纪念及其礼仪。其三，民间演艺，包括元宵扎火龙、礼仪歌。其四，各式民间艺术，如在民俗文化陈列馆中就收藏、陈列着与张谷英村 600 年历史相关的文物与"古董"等艺术品，如雕花木床、窗棂、木门等。其五，张谷英村婚礼礼仪和婚礼歌、丧葬民俗及夜歌、除夕辞年活动。其六，特色饮食包括张谷英油豆腐、古村落腊肉、烟竹笋、茄茴丝、野菜山味，如马齿苋、蕨菜、野兔、斑鸠、野鸡、野猪等，还有张谷英村年夜饭饭俗、张谷英村茶俗等。

二、传统记忆

张谷英村农业聚落的记忆价值主要体现在古村落的环境与营造的和谐统一，尤其是在选址、规划、设计、营造等方面，都受到中国传统儒家哲学思想和风水观念的影响，体现出了朴素的农业生态发展观。

首先，张谷英村的选址是在远离市区的一处平地之上，四面都是绵延的群山，从安全和防御的角度来说，是村落的天然屏障。该地溪水流经村落，土地肥沃，既适合耕作，亦方便居住，充分体现了农业聚落的文化特色。张谷英村属于"四灵地"，后山来脉远接幕阜山，其余脉的四座小山峰，像四片大花瓣，簇拥着这片建筑，很适于"藏风聚气"①。

其次,张谷英古村落建筑面积达5万多平方米,共有大小房屋1 732间,厅堂237个,天井206个,巷道62条。张谷英村建筑群基本构成单元是以房屋、天井为中心的家庭住宅。其基本布局为:方形平面,中轴对称,开间三间,进深两间;中间为堂屋、天井,两边各两间厢房。总体布局依地形呈"丰"字形结构(图4-2),纵横轴线交接②。纵轴为主,分长幼,主轴的尽端为祖堂或上堂;横轴为同辈不同支的家庭用房。主堂与横堂都以天井为中心组成单元,分则自成庭院,合则融为一体,形成独立、完整而宁静和谐的人居环境③。由此可见,张谷英村的农业聚落建筑布局完全符合中国传统建筑的风水学说,呈现聚风聚气的态势。

图4-2 "丰"字形结构

再次,张谷英村的农业聚落体现在对水的利用上。水系是村落整体布局中不可缺少的要素。张谷英村水环境的创造不仅满足了村人日常生活的需要,而且还丰富了村落的空间景观,改变了村落的生态环境,实现了使用功能、景观功能、生态功能三者有机结合。在张谷英大屋前有一条渭溪河像一条玉带,泛着银光,迂回曲折,穿屋而过,小溪徐徐,四季悠悠,冬暖夏凉,甘甜怡人,这"玉带水"给村人带来了灵气。民谣称:"前面生有玉带水,高官必定容易取。出入代代读书人,清显出贵耀门庭"。张谷英根据"东水西流,西水东流,其地主富"的观念,选定渭洞为

---

① 杨利:《古村落和谐人居环境特色分析——以湖南张谷英村为例》,《长沙铁道学院学报(社会科学版)》2009年第4期,第193页。
② [日]晴永知之:《张谷英村聚居规律之研究》,《华中建筑》1999年第1期,第138-139页。
③ 谢志平:《张谷英古村的特色空间探析》,《湖南城市学院学报》2007年第3期,第31-33页。

张氏的安身立命之地,可见张谷英也是考虑了"环水"风水[①]。显然,水在整个农业聚落中起到了活化的作用,给予村落一种柔和的美感。同时,水又是财富的象征,风水学说上叫做聚财,这就体现了村民希望通过劳动获取财富的追求。另外,水与街道、水与村落还能形成一个对内开放、对外相对封闭的整体建筑群,使村落显得更为内敛。

再次,张谷英村的巷道(图4-3)是联系张谷英村主要干道与住宅主入口的交通要道,是张谷英村比较特别的公共空间。分布在建筑群中的62条巷道,人们行走在其间,可避免风吹雨打。张谷英村聚落的巷道主要作为穿过性巷道,所以多为直线形。以王家塅建筑某巷道作为巷道的典型研究对象,底界面主要是泥土或青石板构成,侧界面由两侧建筑的山墙围合而成,顶界面由建筑的屋顶形成,巷道的宽高比小于0.5,三个界面使巷道形成相对封闭的空间,这样的空间形成的界面连续统一,空间感明确而单纯[②]。这种巷道的设计体现了村落朴素、实用的特点,同时直线形的设计还具有防火的功能。

图4-3 巷 道

最后,门口两旁各建有一口烟火塘("龙眼",图4-4),既可防火又壮观瞻。一条"玉带水"自门前流过,与渭溪河汇合,将大屋护卫在中间,两岸建有"八字形桥"("龙须"),桥下溪水淙淙不绝,与周围星罗棋布的水井构成了一个完整的供水体系,不仅为居民的生活、生产提供了取之不尽用之不竭的水源。还起到消防和改善大气微循环的功用。对于生活污水,设置室外污水发酵池和净化池,利用莲藕吸附污泥、利用乌龟吃掉浮游生物的生物净化处理方法,减少二次污染,

---

[①] 何林福、李翠娥:《中国传统风水学说的经典体现——湖南岳阳张谷英大屋研究之一》,《岳阳职业技术学院学报》2004年第3期,第47-48页。

[②] 晏雪晴、廖秋林、王薇薇,等:《张谷英村聚落景观公共空间类型及组成要素研究》,《中国农学通报》2012年第10期,第292页。

达到净化水质、降低污水排放的目的。再将污水通过污水道排到村外水圳或农田，可以提高水的重复利用，减少对环境的污染。这种独具特色的系统营建蕴含了可持续发展的生态观，对于现代聚落的营建，特别是农村生态环境建设意义重大。

图4-4　烟火塘[1]

综上所述，张谷英村在整个村落的建设当中处处都体现了中国传统社会的智慧，充分展示了其保有的儒家宗法礼仪制度民俗，是研究湖湘地区儒家文化的活化石。与此同时，建筑当中的宗法伦理与中庸之道是中国传统文化的重要思想和重要内容（图4-5），体现了这个村落的立村思想之本，这样的思想深深烙印在村落当中，涉及了诸如岁时、婚嫁、生育、寿庆、丧葬、祭祀礼俗以及家风民俗等，是保存传统礼俗传承非物质文化的重要场所，是湖南传统村落记忆十分重要的资料。

图4-5　窗

---

[1] 李旭，谢芳园：《湖南省张谷英村聚落的生态价值及对新农村住宅设计的启示》，《华中建筑》2010年第4期，第156-157页。

第二节 益阳市安化县马路镇马路溪村

一、概况

马路溪村（图4-6）位于湖南省益阳市安化县马路镇，是中国十大传统文化村落之一。村域面积达3.8平方公里，村庄占地面积约60亩。全村人口共804人，165户。马路溪村处于钟形山、粟树坳、边山湾、北斗冲围合的盆地，村庄周围群山逶迤，属雪峰山脉，山上植被丰富，盛产野樱桃和杜鹃。

图4-6　马路溪村聚落

据族谱记载，南宋景定二年（1261年）前后，先祖焕良公次子，邓氏第三世祖子礼公于马辔市，即今马路镇落户，聚族而居。自此，邓姓支在马路溪一带繁衍兴旺，大约750多年。村庄周围群山逶迤、跌宕起伏，田野纵横交错；树木疏落的山林与宁静的小桥流水、乡村小道构成了田园风光。走在山村中，不时还会传来一声声犬吠。这真可谓是"阡陌交通，鸡犬相闻"的世外桃源。现存明清建筑群、邓家大院、风雨桥、明清墓地、青云洞以及百年清朝石碑、吊脚楼、试刀岩、荷花岩、兔子岩和古树名木等。

图4-7　簸箕

有750多年历史的马路溪村非物质文化丰富多样，独具一格，带有浓郁的地方气息，主要民俗有：村规民约，保存有一方光绪二十年（1894年）颁布村规民约碑刻。风水格局，马路溪村依山傍水，坐北朝南，形成了极好的风水闭合。编制艺术，篾匠擅长利用柔韧的竹皮进行编制，如撮箕、箩筐（图4-7）。

木刻艺术，木匠擅长打造家具，雕刻装饰。

二、传统记忆

马路溪村因马路溪而得名，该溪由南往北流经村落，将其一分为二，河流两侧为农田，村落四周被群山环绕，民居主要集中分布于溪水两岸地势开阔的山脚地带，主要分为西侧

图4-8 在堡上的房屋

的湖田湾、东边的大园坪以及溪水上游地段的堡上三个部分。马路溪村现存传统建筑民居47栋，约14 400平方米，传统民居多为穿斗式全木结构房屋[①]（图4-8），主要的传统建筑分布在大园坪、堡上、湖田湾与江溪冲，呈现以地缘型聚落为主的类型特点，遵循坐北朝南的原则。

马路溪村有别于张谷英村、上甘棠村那样集中聚落的形式，而是相对散漫性的聚落形式，形成四个散村聚落组团，并且四个村落组团内部及组团间没有一个较为明显的中心点。由于马路溪村地势多山，农田以梯田形式存在，村落房屋多数都建在山地小块平地，并沿等高线建设，依山而建，这样的建筑方式一来交通便利，二来容易就近照顾农田（图4-9，图4-10）。

有研究者指出，马路溪村的街巷整体结构为单侧伸展的鱼骨状，湖田湾的主街走向基本与溪平行。这类传统街巷空间的

图4-9 马路溪村房屋结构

---

① 湖南省住房和城乡建设厅：《湖南传统村落》，北京：中国建筑工业出版社，2017年，第313-314页。

图 4-10　马路溪村保留的清末建筑

界面具有连续性和曲折性两大特点。连续的界面是使街巷具有可识别性和意象性的重要因素。而曲折性则带动空间不断细微的收缩、放大或转折，其间结合堆垛、水井、院坝形成丰富的空间层次。这与现代建筑强调的"入口—序列—高潮—结尾"这种逻辑性极强的空间序列不同。街巷空间更均衡，无所谓高潮或起点、终点，而是通过有韵律感和节奏感的连续建筑立面与多样变化的花窗檐口等符号结合，形成娓娓道来的诗意气氛。同时，这样鱼骨状多转折的街巷格局还有利于聚落整体的通风[1]。显然，这样的农业聚落形式最适合当地农民，这体现了人与自然的和谐统一。那么，在这样和谐统一的背后，影响马路溪村村落空间布局的因素有哪些呢？

首先是地形、地势的原因。对于马路溪村这样的传统村镇来说，村落空间形态的布局有着十分重要的作用，该村具有山地、丘陵、平原等多种类型的地形风貌，这样就导致其在聚落选择上无法拥有一个核心地带，并且只能以相对星点型聚落形态更为高级的布局形态，主要分布在平原或山间盆地。加之，中国古代是农业社会，少许的平地对当地人来说具有相当的吸引力，就会形成在分散分布中的相对集中型，这样就便于生活以及地方基层的组织与管理。

其次是中国传统农业社会的宗法制度。传统伦理道德观念早已深入人心，并潜移默化地影响着村民们生活的各个层面。传统村落的聚落形态本身就蕴含着传统的

---

[1] 黄敏敏:《安化马路溪村传统村落研究》，湖南大学 2017 年硕士学位论文，第 22 页。

宗法制度。马路溪村以邓氏家族为主，已经形成了具有文化核心力和向心力的本地宗族，并且以血缘为纽带，同一家族聚集在一起。最明显的外在体现便是村镇中存在的各家宗祠，这些宗祠何时建成至今已无法考证，但是宗祠依然作为祭祖礼拜活动的核心空间，必然要方便普通村民的聚拢，这样才能有利于村民经常性进行聚会、礼拜和祭奠。

最后是宗教信仰。马路溪村是非常典型的以汉民族为主体的传统村落，其宗教信仰基本上有别于湖南少数民族传统村落，依然奉行着中原地区的宗教信仰。

村民依然提倡多神，希望用众多的神祇来守卫村落，保佑村落各家代代平安。另外，戏台与庙宇并列存在，一方面说明在祭祀、求福之时村民亦希望为神祇演唱戏曲节目，另一方面则用作公共活动中心，民众大到庆贺、看戏，小到散步、聊天，甚至农业生产中的晾晒谷物，都要在这种公共空间中进行，而这样的布局就会深刻影响着该村落的空间布局。

马路溪村的传统民居主要还是使用穿斗式，这种方式能有效减少地震危害，并且因为连接木构件的斗拱和榫卯结构有伸缩余地，都能够吸收地震的能量，防止地震过程中房屋的变形与位移。而且由于承重与维护结构分开，就会出现"墙倒屋不塌"的情况。加之，该村落的整体建筑多为中心对称，抗震能力是最好的。从以上几点就可以看出，古代马路溪村先民充满着生活的智慧。这样的智慧还延伸到了建筑内部的架构，该村大部分建筑都是"枋"形式，这样的形式能起到联系房屋各个构件的作用，并且各部分承受的压力相对较小，同时又增加了房屋的耐受能力，在山区就显得更为结实、牢固。与此同时，穿斗式木构架的方式，又能就地取材建造，使房屋更加适应当地的气候条件，并能较好地满足村民居住的舒适感，同时简洁明快的艺术风格使村落显得更富有生命力。

三、保护现状

首先，马路溪村的传统农业聚落依然面临着诸多问题。首先就是由于年久失修，加之传统村落的空心化，导致建筑的损毁速度快于保护速度。除去村落经历风吹、日晒、雨淋等自然性损毁和虫蚀外，最值得关注的是人为的社会性损毁，经常走入"保护即是破坏"的怪圈。

其次，马路溪村亦和其他传统村落一样，开始面临村落人口老龄化、空巢化导致村落消失的现象，外出务工人员的增加以及留守儿童、空巢老人的增多，都在潜移默化地破坏传统村落。外出务工人员离开村落后，一些人不愿意回到家乡，从根本上切断了乡愁的根，这对传统村落来说就失去了农耕文化的后续补充力量，这无疑是致命的。

再次，现实生活的经济压力以及对下一代的教育，迫使许多村民迁出，从而导致村落的自然消失。这种传统村落的消亡不能归咎于迁出的村民，毕竟他们也有追求更好生活的权利，但是离开的往往是村落存续下去的生力军，这样就会导致传统村落的消失或"空壳"化，使其成为一种展示品，使得这些农业聚落失去了动态农业文化熏染，变成了天然的博物馆的展示物。

然后，保护不当导致传统村落文化的流失。在马路溪村现在也已经出现拆毁原有的建筑，换成了现代建筑。说到底，村民追求高品质的居住条件是没有错的，但是这样却在一定程度上破坏了整个农业聚落的整体美感。加之，一些所谓仿古的建筑，反而使得传统村落文化流失。这显然是当下众多传统村落都面临的问题。

最后，要加强传统村落村民对传统村落的认识。除了制定有效的促进村落经济发展的规划方案，同时也要提升村民对于传统村落保护的认识，让村民参与村落保护，并且能从中获取利益，这样才能使村民更为主动地进行传统村落保护工作，才能存留住延续千年的农耕文明，保留住中华民族文化的基本内涵精神，建设更为和谐的美丽乡村。

第三节　湘西土家族苗族自治州龙山县苗儿滩镇捞车村

一、概　况

捞车村（图4-11，图4-12）位于湖南省龙山县苗儿滩镇境内，南距苗儿滩镇政府 6.5 公里，北距龙山县城 75 公里，与正南方的湘西自治州首府吉首市相距约 300 公里，与东南方的省会长沙市相距约 500 公里。村寨境内有洗车河与靛房河流经，两河汇合处的东北岸是梁家寨（行政村名是黎明村），汇合前洗车河，东、西岸分别坐落着惹巴拉和捞车。这三个自然村寨构成捞

图 4-11　捞车村土家民居（吴昊）

车古村的自然区划，就是调查组所选定的捞车村调查区域。该区东北依比寨山，西邻笔架山，东南靠董补山，地理坐标为东经 109°29′59.8″~109°30′24.1″，北纬 28°00′03.2″~29°00′06.1″，平均海拔高度约为 244 米。

根据嘉庆、光绪、民国、1980 年、1985 年版《龙山县志》记载，捞车于雍正七年（1729 年）龙山建县时就设捞车里，为龙山县十五里之一。其后于 1912 年设捞车乡，隶属四区洗车河。1935 年设苏维埃捞车乡人民政府，隶属苏维埃洗车区人民政府。1938 年隶属隆道乡。1945 年隶属隆道乡（隆道乡已分为隆道乡、隆头乡），治所苗儿滩。1950 年设捞车乡，隶属苗滩区。1956 年设捞车村，隶属苗市乡。1958 年隶属苗市公社，为捞车大队。2000 年隶属苗儿滩镇，为捞车村。

捞车村属于大陆性亚热带季风湿润气候中的河坝湿热型气候，特点是四季分明，季节变化大；降水丰沛，年平均降水量为 1 357.1 毫米，年最多降水量为 1 833.4 毫米，最少降水量为 930.6 毫米，降水量

图 4-12　俯瞰捞车村（吴昊）

变化幅度大，极易出现干旱和洪涝灾害；年平均降水日为162天左右，降水期集中在4—9月；年平均气温为15.4~16.6℃，最高温度39.2℃，最低温度-3.8℃；年均日照为1 273小时，每年12月至次年3月为积雪期，年平均湿度为8%，风向一般以静风居多，从12月至次年6月多为西南风，7—11月多为东风或东南风；年平均初霜日为12月8日，终霜日为3月1日，有霜期84天。

捞车村的地形多为河流冲积坝或丘陵，土壤多为海拔500米以下的红壤，海拔500~1 000米的山地黄壤和长期栽培水稻而形成的水稻土。全村山区动植物资源丰富，其中，野生动物有白颈长尾雉、泥猪（当地俗语有"肥得像泥猪崽"）等，野生植物有黄松、楠木等，野生药材有黄柏、杜仲等。捞车河里生长着数十种清水鱼类，有娃娃鱼（大鲵）、马口嘴（当地俗语有"沙鱼头，鲶鱼尾，好吃不过马口嘴"）等。所以，民间谚语有"金他砂，银捞车"。 平坝有水田1 412亩，旱地1 560亩，干鲜果园600亩，用材林39 463亩。农产品主要有水稻、玉米、大豆、甘薯等，经济作物有油菜、烤烟、百合等，林产品有木材、油桐、油茶等。村民以大米为主食，杂粮用作佐餐或出售换取零用钱，大量的甘薯、玉米、马铃薯用作猪饲料，转化为肉食和现金收入。

捞车村现有人口477户，共1 788人，约700多个青壮年劳动力都外出打工。除了嫁入和迁来的少量人口为汉族或苗族外，其他村民都为土家族，约占全村总人口数的95%。土家族的向、彭为大姓，是地道的"毕兹卡"（本地人），其余的姓氏有叶、梁、余、田、尚、唐、李等29姓。村里80岁以上的老人可以用土家语交流；70岁以上的老人能够听懂土家语，说大部分的土家语词汇；50~60岁的老人会说部分词汇，已经不能完全听懂；40岁以下的土家人已经不懂土家语，只能说少量的日常词汇。

"捞车"一名的由来大致有三种说法：一是土家语中"弄车"的误记。"弄车"汉语意思就是"浑水"，捞车位于洗车河和靛房河的交汇处，每逢下雨，大河（指洗车河）涨水抑或小河（指靛房河）涨水，这里的水经常是浑的，因此得名。 二是"捞"在土家语中是"太阳"的意思，"车"是"河"的意思，"捞车"在土家语中就是指"太阳河"，以河命名。三是战国时期的吴王在洗车一带，命部下清洗爱车，水急将其冲走，在该村前的河里才打捞起车子，所以该村取名为"捞车"。可见，捞车村有着深厚的历史文化积淀。

二、传统记忆

捞车古村寨东北倚比寨山，西邻笔架山，东南靠董补山。地处洗车河与靛房河交汇处，两河交汇后称为捞车河（又名太阳河）。地形多为河流冲积坝或丘陵，土壤多为丘陵红壤、山地黄壤和坝地水稻土。属大陆性亚热带季风湿润气候，四季分明，雨量充沛，野生动植物资源丰富，民谚有云"金他砂，银捞车"。古村寨素有"中国土家第一村""武陵土家第一寨"的美誉，其发展历史最早可追溯至商周时期，后历经沿革，至晚于雍正时期建制并形成了民族实体。因古朴厚重的土家族文化、原生态的自然环境被誉为"原生态民族民间文化遗产博物馆""土家原生态民居博物馆"，相继获得了"中国民间文化艺术之乡""中国土家织锦之乡""（湖南）省级生态建设示范村""湖南省民族特色村寨""湖南省文物保护单位""美丽乡村"等称号。

（一）民族遗迹：古村遗址

古村寨现存建筑遗址最早建造年代为明末清初，传统建筑面积约 35 800 平方米，主要传统街巷有土家凉亭桥（长 288.8 米，建于 2008 年，以下均建于清初）、卵石路（长 2 459 米）、青石路（长 1 798 米）、青石码头（长 68 米）、拉拉渡（长 179 米）。吊脚楼（又称转角楼）、害子屋、冲天楼（图 4-13）为土家族传统建筑形式。其中，吊脚楼（图 4-14）是村寨典型民居建筑。全寨共有 179 栋民房，有转角楼的 33 栋，有楼有厢的 5 栋，有厢房的 12 栋，有朝门的 7 栋，有院落的（即有朝门、有楼、有厢）5 栋，均为木质土家民房，大多保存完好。有代表性的民居是彭家大院（建筑面积 568 平方米，建于明末清初）、刘家大屋（建筑面积 790 平方米，建于清

图 4-13 冲天楼（吴昊）

图 4-14 被废弃的传统土家吊脚楼（吴昊）

朝）、向家大院（建筑面积 525 平方米，建于民国）、周家大屋（建筑面积 2 679 平方米，建于清朝）、向家老屋（建筑面积 613 平方米，建于民国）。冲天楼（建筑面积 1 584 平方米，建于明末清初）包含了所有土家单体民居以及转角楼、四水屋等合体民居的建筑形式，是土家族传统建筑的集大成者。村寨现存碑刻 6 块，内容涉及封山、禁猎、禁赌等方面，碑文完好无损。

（二）传统工艺：土家织锦

土家织锦大致经历了大禹时巴人所执玉帛、秦汉的寅布或阑（兰）干细布、三国的武侯锦、隋时的斑布、唐朝的溪桐布、宋代的溪布或桐布、明清时的土锦等不同称呼，1985 年正式定名为土家织锦，土家人仍习惯称为西兰卡普或土花铺盖。清朝光绪年间《龙山县志》记载"土家嫁女，奋资极丰，锦被多至二十床""土民祭故土司神，有堂曰摆手堂……群男女并入，酬毕披土花被，锦帕裹首，击鼓鸣钮，舞跳歌唱"。明清时期，捞车河流域呈现出"女勤于织、户有机声"的景象。土家织锦早在 2006 年就被列入第一批国家级非物质文化遗产保护名录，寨民刘代娥被文化部授予第一批"国家级非物质文化遗产项目土家族织锦技艺代表性传承人"。土家织锦以原始的斜织腰机手工制作而成，以丝线、棉线和毛绒线为经纬线，在技法上采用通经断纬、挖花挑织的手法，工艺流程大致分为纺线、染色、装机、织花、加工五个步骤。

（三）传统礼俗：拦门酒

拦门酒是土家族人民热情好客的表现。每逢贵客到来，寨民都要在寨门处，设一张方木桌，上面摆放猪脑壳、团馓等民族美食。来客须一口干掉敬上的大碗美酒，才被允许进寨。敬酒之前，寨民列队两排，跳小摆手舞，敬酒人先说道，"长空流彩，大地飞歌，共祝莺祥，天地同乐。今日贵宾到山寨，山欢水笑迎天神。奉献土家陈酿酒，歌舞鼓乐迎贵宾"，然后众人用土家语一起唱"拦门歌"，大意为：树枝上长出了新芽，土家人有贵客到来，今天到山寨，我们敲锣打鼓迎接客人，大家一起来吃酒。传统礼俗中包含了土家族典型的民族事象。

图 4-15 摆手堂（霍晓丽）

第一，摆手舞又名"社巴"，古时由土家祭司梯玛带队在摆手堂（图 4-15）前以舞蹈祭祀先祖，因祭祀规模不同分为单摆、双摆、大摆手、小摆手等数种。跳摆手舞时敲锣击鼓，气势壮阔。现在摆手舞成为村寨的娱乐项目和表演节目。

第二，土家语属于汉藏语系藏缅语族，接近彝语支，有语言无文字，最早书面记载见于清代湘西各地方志中。土家语使用人口老龄化，交际功能大幅度减弱，处于濒危状态。捞车土家语属于北部方言区，留存状况呈现出从河流（惹巴拉）到山区（梁家寨）逐渐增强的趋势以及明显的年龄分层现象。

第三，土家腊肉和粑粑是土家族特色美食，选材讲究，制作、熏烤程式独特。尤其猪脑壳肉是土家腊肉的精华，只有元宵节和清明节时才会食用，其做法是要将猪脑壳肉放入火塘里烤，燃料是樟木，就是为了让肉吸收樟木的香味，提升其鲜美度。在烧烤之前，用火去除猪脑壳上的细毛，然后进行烧烤，这个时候就必须要掌握好火候，否则会出现烤焦的问题，其蕴含着储存体力的说法。另外，还有包括杀年猪、解肉、备香料、腌渍、上炕、熏烤、下炕、蒙（盖）腌、晾晒九道工艺，有蒸、炖、炒三种烹饪方法。粑粑直径大约10厘米，是由糯米制作而成的，呈现白色，放于火上烤熟，直到变成金黄色、中间鼓起来就可以食用了，其口感富有弹性，十分可口。据说有耕作时粑粑可防止被蛇咬的说法，故而成为当地节气特色食品。捞车村的清明节特色食品是粑粑和猪脑壳肉，这其中包含着复杂的农耕文化含义，可见农耕文化深深植入了其日常生活当中。

三、保护现状

文化资源是文化产业发展的基础，关系文化产业的起点和创意，更是文化产业发展的制高点。从文化资源的空间分布来看，文化资源具有集群性特征。民族文化资源因民族实体地域上的关联，也在地理空间上呈现出集中化的趋向，民族内部各种资源产生紧密的共生、协作关系，从而产生集聚效应，能够有效地扩散和传递文化资源的社会影响力，推动文化资源的产业化进程，保持和提高文化产品的竞争力。因此，捞车古村寨民族旅游文化产业发展，应采用村寨内部各种民族文化资源的整合以及与周边民族地区不同文化资源的集群发展的方式。

（一）村寨内部各种民族文化资源的整合

纵观上文对捞车古村寨民族文化资源的梳理，可以发现村寨内部民族文化事象丰富，有形的物质文化资源和无形的精神文化资源都包罗其中。但是，捞车的旅游文化产业仍停留在各自为营的阶段，没有形成村寨内部的整合，严重制约了村寨旅游文化产业的发展。需要村委会全面统筹各种民族文化资源，对其进行合理开发，发挥民族文化资源在旅游文化产业中的重要作用。

1. 民族文化资源在开发民族文化产品中的整合

首先是商业化的产品。捞车容易物化的民族文化资源以传统工艺和传统饮食为主。土家织锦在刘代娥的传习所里均有出售，但价位偏高、品种有限，不能适应旅游文化产业的要求；土家腊肉、团馓等完全没有进入商品化阶段。村委会在市场调查基础之上，开发捞车蕴含土家族文化特色的旅游产品，满足游客的购物需求。土家织锦传习所开发不同种类的织物产品，将其分成工艺型和大众型不同档次销售，大众产品要向家居化、休闲化、日常化、低价化趋势发展；土家腊肉、团撒则应用传统工艺制作，采用现代包装、营销模式进行销售，或在餐饮业中推广；对山区、丘陵、河流中的野生动植物资源，尤其是野生药材，也要在不破环生态平衡的基础上科学开发，彰显纯天然特色。村委会将上述物化商品再统一整合到"捞车土家特产"名下，推出多样化的礼盒向游客销售。

其次是舞台化的产品。主要针对捞车传统文艺、习俗等适合表演的民族文化。摆手舞、拦门酒是捞车常见的文艺表演节目，但在旅游文化产业开发中，其内容单一、稍显单薄。借鉴湖北利川腾龙洞《夷水利川》实景舞台剧的成功经验，把古村民族文化资源，如摆手舞、茅古斯、打溜子、梯玛神歌以及土家语的迎宾歌、哭嫁曲、汉剧等传统文艺，编排成音乐、舞蹈节目，并以捞车天然真实的景观作为舞台背景，表现村寨的土家族文化特色。开发过程中要保持本村寨与周边旅游景点表演节目内容上的差异性，彰显地域、民族风情，使游客在不同的文化体验中有新鲜的感觉。

2. 民族文化资源在建设民族文化博物馆中的整合

博物馆是人类文明进步的重要标志，是一个地区文化和现代文明的形象代表，作为文化遗产的贮藏所和管理者，对文化保护和利用的功能显著增强。捞车目前只有土家族织锦技艺传习所展览室，缺乏综合性展示民族文化资源的博物馆。捞车的物质文化遗产有土家民居、遗址、碑刻、古墓、旧址、桥、古农具、古家具等；非物质文化遗产包括民族民间文化遗产，大致有民族歌舞、民间信仰、民族工艺以及口头传统、民俗活动和礼仪与节庆等100余种。村委会借鉴里耶博物馆的创意形式，建设民族文化博物馆，将捞车的各项民族文化事象分展区陈列其中。例如，展示土家族历史文物遗迹，包括新旧石器时期陶器、古代碑刻、原始斜织腰机等；采用数字化技术对古文物遗址进行修复，如建于明末清初的传统民居；利用影像、虚拟等科技手段再现遗迹的原貌，或展示土家织锦的工艺流程及斜织腰机的工作原理。开展博物馆旅游业，可以加深游客对土家族文化整体的印象，满足游客对土家族文化的猎奇欲望，更提升了民族旅游文化产业的文化品位和人文涵养，实现了游客接受文化洗礼和村寨旅游文化产业发展的双赢。

3. 民族文化资源在营建民族文化主题公园中的整合

主题公园是现代旅游业在旅游资源的开发过程中，所孕育产生的、新的旅游吸引物，是自然资源和人文资源的一个或多个特定的主题，采用现代化的科学技术和多层次空间活动的设置方式，集诸多娱乐内容、休闲要素和服务接待设施于一体的现代旅游目的地。民族文化主题公园是以民族文化资源为主题的现代旅游目的地，旨在展示民族民间文化，保护和传承民族文化。我国民族文化主题公园整体上还处于规划初期和产业链最低端，捞车更只是停留在游客走马观花式浏览自然环境和人文建筑的阶段。捞车营建民族文化主题公园，可以借鉴、吸收大唐芙蓉园和清明上河园开发历史文化资源、发展旅游文化产业的经验，合理定位，科学规划，整合区域内部各种文化资源，打造精品栏目，将自然资源与文化资源、传统文化与现代需求有效结合。捞车民族文化主题公园要将民族文化博物馆、民族实景舞台剧错落布局其中，风雨桥作为主要景观之一，既为游客提供摄影场所，也是民族文化产品销售市场。

在捞车河两岸适当修建娱乐设施，将土家族传统游戏项目，如打秋（荡秋千）、打飞棒、鸡抱蛋、踩高跷、打鸡（踢毽）、铲保、放风筝、请七姑娘等，打造成为游客的休闲娱乐项目；修葺拉拉渡，再现土家渡河情境；游客观光自然风景之余，全方位感受土家族民族文化的魅力。营建民族文化主题公园，经济效益可观，势必会对地区发展产生带动作用；但对捞车乃至其他民族地区而言，都是一项浩大工程，关系多层面的分工协作，需要政策、资金、人才等各方面的大力支持，可以适当借鉴凤凰古城"政府主导、市场运作、公司经营"模式。

（二）与周边民族地区不同文化资源的集群

共同的生活地域是民族实体形成的空间基础，处于同一区域内的民族文化资源一般都具有属于同一民族的关联性。实践证明，一旦形成了区域内专业分工与合作关系的民族文化子资源的空间集聚，更容易形成互相支撑、互相依托、互相促进的良性累积循环，降低集群内资源交易的费用，在同一空间内产生外在规模经济和外在范围经济。

捞车古村寨在本县范围内与洗车河的民俗文化资源和里耶古镇的历史文化资源

形成了文化资源的高度集中。洗车河镇位于捞车上游，地形狭窄，沿河分布，两岸古建筑较多，以山泉水、霉豆腐和"赶洗车河"出名。洗车河（图4-16，图4-17）位于酉水支流红岩溪河与猛西小河的交汇处，是龙山南半县唯一的一处小码头，在永（顺）龙（山）公路修通之前，每逢场期，方圆数十里乃至百里的土家民众都前来赶场，"赶洗车河"成为洗车河镇的民俗文化资源。里耶镇在清朝康熙年间始建街道和码头，于雍正年间设置里耶塘，是湘西四大古镇之一，以里耶古城遗址和里耶博物馆闻名。古镇内有夯土城墙、护城河、房屋建筑遗址、排水设施，多座古井规则地分布在古城内外，共同形成一个完整的古代城镇系统。2002年以来，在里耶进行的考古发掘，陆续出土了竹简、木牍近3万枚，文字多为篆书，较为全面地反映了秦国时期楚、巴、秦以及当地少数民族政治、经济、文化发展与交流的过程，是研究秦史的珍贵史料。

图4-16　洗车河（吴昊）　　　　　　图4-17　洗车河的水磨（霍晓丽）

　　捞车古村寨、洗车河镇、里耶古镇是位于龙山县境内一衣带水的文化资源富集区，区域内部文化积淀深厚，各有千秋，拥有开发区域旅游文化产业的潜力。同一行政区划内的优势，可以最大限度统筹协调各地文化资源，发挥政府在旅游文化产业中的主导作用。捞车以民族文化资源为特色，洗车河以民俗文化资源为优势，里耶则坐拥历史文化资源，三地分别从民族、民俗、历史三个维度来展示土家族地区的文化资源，打造区域旅游文化集群品牌，延长产业链，发挥民族文化资源的集群效应，多角度、多层次、以"点—线—面"的方式推动区域旅游文化产业发展。

(三)从文化自觉到文化自信的民族旅游文化

从旅游文化产业长远发展来看,人文关怀具有理论指导和精神价值,有利于产业的可持续发展。党的十七届六中全会针对文化发展提出"培养文化自觉和文化自信"的任务。民族文化资源是民族地区培养文化自觉和文化自信的文化基础。高度的文化自觉和文化自信可以引领民族旅游文化产业的发展,确保开发过程中对民族文化资源保持清醒的认识和理智的态度。目前,国内旅游文化产业发展的人文关怀整体上处于从文化自觉向文化自信的过渡阶段。

文化自觉概念由费孝通先生提出,是指"生活在一定文化历史圈子中的人对其文化有自知之明,并对其发展历程和未来有充分的认识。换言之,文化自觉是文化的自我觉醒,自我反省,自我创建。随着非物质文化遗产申报和保护工作在全国范围内的落实以及民族文化旅游业的发展,民族地区的民众对本民族文化的认识经历了由愚昧落后到独特珍贵的转变,意识到本民族文化是地区发展的有利资源。捞车也在旅游文化产业开发过程中致力于"打民族牌",寨民都主动向游客及调研者展示土家族的民族文化特色,民族文化自觉意识已经苏醒,但文化自信有待进一步提升。

文化自信是建立在文化自觉基础之上的,是民族旅游文化产业可持续发展的更高层次精神观照。对民族地区旅游文化产业发展的文化自信,不仅要求本民族成员对自己民族文化资源的认同,更体现在对民族文化资源开发的追求和信心上。民族成员只有对自己民族文化有着坚定的信心,才能在开发民族文化资源的过程中从容应对面临的问题,激发民族文化资源创新的活力,有利于民族旅游文化产业的可持续发展。

第五章
其他类型传统村落

第五章 其他类型传统村落

本章主要简略地介绍农业技艺、农业物产与特产型传统村落。

农业技艺型主要是以历史时期发明创造和积累传承的农业知识和生产技术为主的传统村落。这一类型相对较少，仅有4个，分别是衡阳市衡东县甘溪镇夏浦村、永州市双牌县理家坪乡坦田村、邵阳市绥宁县东山侗族乡东山村、湘西土家族苗族自治州凤凰县山江镇凉灯村；农业物种与特产型主要是具有长期历史传承和地域特色的农产品及加工农产品为主的传统村落，这一类型有永州市零陵区富家桥镇干岩头村、长沙市浏阳市大围山镇楚东村、湘西土家族苗族自治州花垣县边城镇磨老村、永顺县小溪乡小溪村、龙山县靛房镇万龙村和永州市宁远县禾亭镇小桃源村。在一定程度上来说，几乎每一个湖南传统村落都具有农业物种与特产类特性，但是由于其他特性突出，所以本章选择的两个传统村落就是因为其因特产而闻名；农业工程类型是指历史时期完成的涉及人类农事活动水利工程为主的传统村落，这一类仅有郴州市永兴县高亭乡板梁村，本章不做详细介绍。

第一节 农业技艺型传统村落

一、衡阳市衡东县甘溪镇夏浦村

夏浦村（图5-1，图5-2）位于衡东县中部甘溪镇的中南区域，距离县城约20公里，交通便利，是锡岩仙洞——洣水风景名胜区中重要的休闲观光旅游点。村域面积10平方公里，村庄占地面积20亩，现有200余户，户籍人口1 020人，常住人口900余人。

夏浦村坐落在群山环抱的盆地之中，地势北高南低，三面环山，一面临水，村落西面广阔，与洣水对岸的山峰遥相呼应，属于典型的"依山靠水"型村落。肖家大屋坐落在村落中心，背靠金觉大山，面朝洣水水系，田间阡陌纵横交织，视野开阔，景色优美。

传统建筑位于衡东县甘溪镇夏浦村西部，居洣水二级台地与丘陵山地接合处，

图 5-1　夏浦村村景　　　　　　　　　图 5-2　夏浦村村景

村落坐东朝西以肖家大屋为中心，四进七横，占地约 20 亩，另在大屋北侧吴家屋场尚存，大屋后山上谭公庙仍在。

夏浦村的非物质文化遗产最著名的是大桥剪纸，发源于洪武年间，迄今已经有 500 余年的历史，已被确定为省级非物质文化遗产。其次是白莲皮影，清初衡东县开创了皮影戏，距今已有 360 多年的历史。另外，衡东土菜烹饪技艺也十分著名，其原料取自衡东所产的农副产品为主辅料，采用民间传统的烹饪方法制作而成，辣、鲜、美为其突出特点。石湾脆肚、新塘削骨肉、草市豆腐、紫苏田螺、黄鳝炒鸡蛋等是衡东土菜的几道名菜。地方民歌衡东山歌有单唱、对唱和盘歌，以其结构短小、曲调爽朗、情感质朴、高亢、节奏自由，在民间世代相传，蔚然成风。

二、永州市双牌县理家坪乡坦田村

坦田村位于双牌县理家坪乡，是典型的湘南传统建筑村。村域面积 1.3 平方公里。坦田村至今仍较完好地保存了大量宋元明清各个时期的古建筑、古遗址，具有很高的文化、文物研究价值。

北宋大中祥符初年（1008 年），坦田村始祖曾任北宋大理寺理事的何守琮定居坦田村，后历经元、明、清各朝代数百年的修葺与不断拓展，绵延传承，形成了如今的模样（图 5-3）。其代表建筑清代古民居群——岁圆楼，气势恢弘、古香古色，是典型的湘南农村古式建筑,其建筑艺术、雕刻艺术(图5-4)、彩绘艺术均达到了登峰造极的境界,具有很高的文化、文物研究价值。

图5-3 坦田村街道

图5-4 坦田村木雕

坦田村有特色传统节目16个,传统手工艺多种。清康熙以来家谱4部,以农耕文化为主题的门联28副,匾3块,拴马刻石11对,广为流传的诗歌2首。非物质文化遗产丰富,文化历史底蕴深厚。其中,木雕技艺刀工娴熟、线条流畅、造型生动、神情逼真,花鸟虫鱼、飞禽走兽、吉祥瑞物形态各异,栩栩如生。建筑里的彩绘变化多端、五彩缤纷,既美化了建筑,也装点了生活。村中石雕浑厚圆润,细腻凝重,寓意深邃,寄慨遥深,阴刻、阳刻、深浅浮雕、镂空雕,集雕刻技术之大成。

三、邵阳市绥宁县东山侗族乡东山村

东山村位于湘、黔、桂三省(区)交界之地的绥宁县境内,属东山侗族乡。东山村东距绥宁县城48公里,西距靖州县城28公里,地理位置优越。村落村域总面积达7.8平方公里,共有居民3 781人。民族以侗族为主、苗族为辅。东山村历史源远流长,据《杨氏族谱》和《龙氏族谱》记载,乃唐末飞山太公杨再思及北宋南平侯龙宗麻后裔合族居住，繁衍生息，逐渐形成的聚落，至今已有千年历史。

东山村位于青山环绕、溪水潺潺的湘西南山区，境内层峦叠嶂，山峰林立，为雪峰山脉南端同八十里大南山西北结合地，地形复杂，以山地为主，植被多为松树、杉树。村落四周被金子岭、松树岭、栗子塘、牛背山、将军岭等群山环绕，中部地势平坦。东山村支柱产业是农业，"东山辣椒"远负盛名，是种植面积最大的经济作物品种。

东山村历经千年，留存下了众多表现地域、民族印迹的历史文化要素，记载了侗族、苗族物质生产、生活方式、思想观念、风俗习惯、社会风尚等重要的文化历史信息。东山村到目前为止还保存着许多具有民族性和地域性的风俗习惯、民俗工艺、原生态的生活休闲节目以及语言。具有代表性的有：雕花冬瓜茶，东山侗族乡的一种民间传统制作技术，相传已有两千多年历史。雕花冬瓜茶不仅是一种色、香、味俱佳的食品，同时还是一种赏心悦目的艺术品。口头传说，侗语、苗语的谜语、民间笑话。表演艺术，歌舞杂耍、苗家婚俗歌曲、逗春牛、闹年锣、打铜钱、侗族山歌。木刻、竹编艺术，烧酒桶、四方桌、二人凳、箩筐、花背篓、簸箕、筛垫。绥宁剪纸，窗花纸、灯花纸、刺绣花样纸。特色饮食，血粑、茶油、大米酒、油茶汤、黑饭、灌辣椒。风俗节庆，苗族四月八姑娘节、三月三、六月六。宗教活动，做道场、扎故事、祭狗、唱土地、巫傩文化。

四、湘西土家族苗族自治州凤凰县山江镇凉灯村

图 5-5　凉灯村村景（吴昊）

山江镇凉灯村（图 5-5 至图 5-7）位于凤凰县西北部，是一个龙姓为主的苗族传统村落。村域总面积 4.11 平方公里，村庄占地面积 78 亩。凉灯古苗寨始建于明清时期，有 300 多年的历史。凉灯村位于八公山系天星山自然保护区内，境内重峦叠嶂，紧贴悬崖开凿出的入村道路在山间蜿蜒。海拔落差极大，

第五章 | 其他类型传统村落

图5-6 依山而建的村落（吴昊）

图5-7 村口的大树（吴昊）

多悬崖溶洞，山形险峻。山上植被丰富，多灌木及小乔木，兼有亚灌木、草本植物及蕨类，悬崖上少或无植物分布，中大型动物稀少，鸟类较丰富。

凉灯村位于高山与山谷之间，村落西北方向的高山阻挡了寒流入侵。村落南侧的深谷有助于暖湿气流的导入。4个自然寨成连片分布，聚集而居，村内古苗寨建筑群依山而建，北高南低，呈扇形散布于山上，自然和谐。主街巷穿村而过，其他小巷星网状环绕主街巷，村内院坪村巷四通八达。村内现存的若干明清时期的古民居仍使用状态基本良好。传统民居的外观形式与平面布局受苗族传统生活习惯的影响，是典型的湘西苗族民居模式（图5-8至图5-14）。

图5-8 熏烟房（吴昊）

图5-9 米桶（吴昊）

图5-10 灶台（吴昊）

109

图5-11 火炕（吴昊）　　图5-12 民居门口（吴昊）　　图5-13 民居大门（吴昊）　　图5-14 猪圈（吴昊）

此地最为有名的就是其非物质文化遗产——苗族武术。苗族武术源远流长，武术的苗语为"勾动"。它是一种以提高搏斗技能为主旨而又能"健体延寿"的全能运动，是湘西苗族民间传统体育项目之一。在苗区，"舞拳舞棍"经久为习俗，蔚然成风，不管男女老少，几乎每人都懂得技击的常识和几手过硬的武功。其开展之经常及广泛，实为罕见。还有就是苗医学，是指中国苗族长期生产实践中形成的以特定地域药材为基础的一种医学体系。苗医起源很早，早期的医药活动近似"巫医合一"。苗医有"两病两纲"的理论，即将一切疾病归纳为冷病和热病，并辅以"冷病热治、热病冷治"两大治病原则。

第二节　农业物种与特产型传统村落

一、永州市零陵区富家桥镇干岩头村

干岩头村位于湖南省永州市零陵区富家桥镇，距离零陵市区50公里，面积4.93平方公里。三面环山，背靠连绵起伏的群山，村子的北面是青石裸露的大山，村子的西面是打鸟岭和牛郎岭两座高耸的山峰，晚清重臣周崇傅用了四句话来形容干岩头的地形与地势："左边青石挂板，右边双凤朝阳；门前二龙相汇，屋后锯子

朝天。"因其具有较高文化价值，且有保留完整的周敦颐后裔居住的周家大院，被评为国家级历史文化名村。干岩头村各种特产名目繁多，竹、竹笋制品产业颇具规模，异蛇产业独一无二，当地特色的鸡、鸭、田螺、肉制品小吃闻名遐迩。

水竹凉席的主要原料是水竹，也有用小楠竹编织的。水竹凉席加工细致，有"薄如纸，明如玉，平如水，柔如帛"的美誉。水竹凉席历史悠久，长沙出土的战国楚墓和汉墓等文物中都有花纹别致、加工细致、独具风格的精美竹席，是中国传统的出口产品。

野生竹笋自古代就被誉为"菜中珍品"，竹笋含有丰富的蛋白质、氨基酸、脂肪、糖类、钙、磷、铁、胡萝卜素、维生素 B_1、维生素 B_2、维生素 C，竹笋富含蛋白质及人体必需的赖氨酸、色氨酸、苏氨酸、苯丙氨酸、谷氨酸和胱氨酸等，为优良的保健蔬菜。

永州异蛇酒，酒质上乘，功效独特，具有益气活血、祛风除湿、滋补阴阳、强身健体、增强人体免疫力和抗疲劳能力，多次被评为国家级金奖，被国家卫生部批准为"保健食品"。畅销中国 10 多个省、市，还远销中国香港和日本、泰国、加拿大等地。

二、长沙市浏阳市大围山镇楚东村

楚东村（图 5-15）位于湖南省长沙市浏阳市大围山镇中部，占地面积 18 平方公里。全村耕地面积 1 374 亩，林地 18 727 亩，水面 100 亩。辖 22 个村民小组，440 户，1 552 人。全村 60 岁以上 300 人，35 岁以下 800 人。

全村以水果为主导产业，养猪、养鸡、养蜂等产业也得到了较快发展。境内有万亩桃林生态观光园，观光园面积达 3.2 平方公里。园区依山傍水、风光秀美、

图 5-15　楚东村村景

田园如画。有省文物保护单位——锦绶堂、明代跳石桥、万亩桃林等旅游景点。发展果树种植面积8 275亩,其中,桃5 080亩,梨2 145亩,李1 050亩。同时注重品牌培育,注册了"湘东明珠""楚东山"两个水果品牌,协助镇政府举办了两届桃花节,使水果产业的知名度进一步攀升,加快了村民增收致富的步伐。

三、湘西土家族苗族自治州花垣县边城镇磨老村

磨老村(图5-16至图5-19)地处边城镇附近,是湘西最边缘的村庄,可谓边城中的正宗边村。村域总面积4.2平方公里。主要民族为苗族,民族文化氛围浓厚,民风淳朴。磨老村始建于清初,属保靖土司管辖,康熙时设乾州分防国站,嘉庆八年(1803年)建集镇城墙。历史上,此地一直是军事防御要地,也是湘西四大

图5-16 俯瞰磨老村(吴昊)

图5-17 湘、贵、渝三省交界的磨老村(吴昊)

图5-18 磨老村旁的清水江(吴昊)

图5-19 水塘与民居结合的传统居住风格(吴昊)

古镇之一。磨老村整体布局呈"V"字形。鸟瞰整个村子,建筑规模宏大,结构严谨,中轴对称,设计精巧,别具一格,既体现了我国传统民居的风格特色,又迥异于传统,采取纵向轴线,独立、完整而宁静,体现了强烈的儒家"合中"意识和浓郁的世俗伦理观念。这里是一块未经侵蚀污染的净土和世外桃源,大量保留了明清时期的建筑和很多叫不上名儿的古代家具(图5-20至图5-26)及农具(图5-27至图5-29),踏进这里的瞬间,能明显感觉到岁月的痕迹。

磨老村民俗文化丰富多样,且独具一格,带有浓郁的地方气息,尤其是其特色的饮食风俗尤为出名,主要有磨老村年夜饭饭俗、磨老古村腊肉、烟竹笋、野菜山味,如马齿苋、野兔、野鸡、野猪。另外,磨老村的民间医术也很有特点,还有雕梁画栋这样的装饰艺术与磨老婚礼、古朴的丧葬、除夕辞年这样的民间活动也极具

图5-20　磨老村龙家大院(吴昊)

图5-21　龙家大院门口(吴昊)

图5-22　苗族吊脚楼侧楼(吴昊)

图5-23　亟待维修的民居(吴昊)

图5-24　屋檐上的雕花（吴昊）　图5-25　窗户雕花（吴昊）　图5-26　门上雕花（吴昊）

图5-27　柴火（吴昊）　图5-28　石磨（吴昊）　图5-29　废弃农具（吴昊）

特色。在边城镇磨老村这样的古村落，苗族歌谣一直传承了1 200余年。苗族歌谣历史悠久。清乾隆《永绥厅志》"永苗风俗十年"载："鼓藏跳至戌时乃罢，然后择票旁旷野等处，男女各以类相聚，彼此唱苗歌，或男唱女和，或女唱男和，往来互答。"村内有位50多岁的石姓苗家妇女，通过自学自编自创，成为磨老村传承苗族歌谣的典范。

四、湘西土家族苗族自治州龙山县靛房镇万龙村

万龙村位于龙山县靛房镇东南，村域面积30平方公里，土家族为万龙村最主要民族。万龙村地貌形态属中高山丘陵区，境内山田相间、山峦起伏。地势特点为典型的四周高、中间低。呈现典型"山—居—水—田"特点。中部沿农坡公路两

侧为平坦稻田。稻田之外则为古村聚落。古村聚落后枕陡峻青山，依山傍水而建，背靠青山，面临田野。村后龙形山脉延绵数里，自然风光得天独厚。

万龙村始建于明代末年，为万龙先祖逃避战乱迁徙此处而建。现已无历史遗存。古代风水学所说"风水宝地"是背山面水、左右围护的格局。万龙古村作为典型的聚族而居的传统村落，处于三山环抱之中。古村两大民居组团均选址于一面靠山，三面平坦的山间田野之上。背靠"来龙"青山，面枕村前玉带溪。民居建筑坐北朝南，又相互以对方靠山作为朝案之丘，构成了典型的风水良地。清代，万龙村建有田家大院、向家大院等多处传统建筑，民国年间围绕大宅院周围，已零星建有简易木质房屋，万龙村的两大民居组团的雏形初步显现，中华人民共和国成立之后至改革前，古村人口逐渐增多，建设规模日益扩大，仍以传统小型木质民居为主，同时期村内几大宅院也遭到一定的破坏。

万龙村是土家族聚集地，非物质文化丰富多彩。土家族人勤劳朴实，在不断辛勤耕种中逐渐形成了具有土家族特色的生产、生活方式，涌现出许多民间艺人，留下了许多艺术作品，如茅古斯舞、打溜子、咚咚喹、哭嫁等传统表演项目。

万龙村的土家饮食文化也很有特色，传统副食有白酒、糍粑、团徽、米豆腐、油炸粑、甜酒糟等。特色菜谱有"金包银"饭、合渣、大锅烩菜、油茶汤、鸡蛋茶、炒米、糖果、团徽、烟熏腊肉、大粑粑、咂酒等。

五、永州市宁远县禾亭镇小桃源村

小桃源村（图5-30，图5-31）位于湖南省永州市宁远县禾亭镇东部，因原有一片桃园而得名。是禾亭镇最偏僻、海拔最高的行政村。小桃源村总面积约19平方公里，村庄占地面积约50亩。小桃源村在旧宁远县志中称小团圆；清道光六年（1826年），王氏重修族谱称小塘源；清咸丰十一年（1861年），合村建立新公祠，始改称今名。

小桃源村四面山体围绕，多为石山，属丘陵地区。没有水系流经小桃源村，但村中有一口较大水塘和一些零星水塘。由于缺水且土壤贫瘠，村落周围山体缺少高大乔木，多为灌木和草本植物，产生了一定程度的水土流失。本地自然环境特殊，

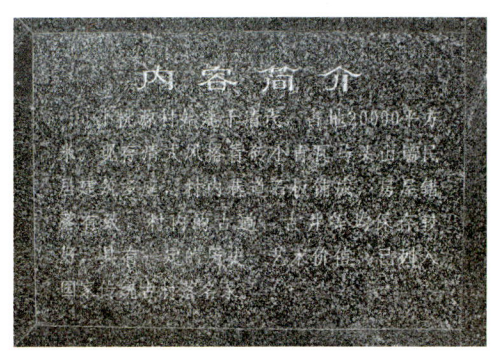
图5-30 小桃源村简介

图5-31 小桃源村巷道

生态环境脆弱，出现石漠化现象。村落四面青山环绕，只有一条悠长的小道通往外面，宛如陶渊明《桃花源记》中所描述的"世外桃源"。盆地近似于蛋形，条带状的小桃源建筑屋群依蛋形分布，是风水学上"聚风聚气"的特征，并通过"天人合一"的传统哲学观达到"地形有利"。

小桃源村非物质文化遗产丰富，从湘南风俗到各种地方特产，充分展现了当地风土人情和悠久的历史文化。"狮子滚绣球"是其中代表。除了春节外，平日里哪家办喜宴或重大节日，耍狮头的活动也会进行。还有就是"红薯酒"。顾名思义就是以红薯为原料，由农村的酿酒匠用土制的酒曲，上门为农户加工的酒。本地称为"宁远茅台"，又名宁远烧酒、红薯酒。"宁远红薯酒，农民家家有"之说是指县北一带喜用糯米酿酒，再掺烧酒浸泡，谓之"拖缸酒"，香甜可口，有"西路粑粑北路酒"之说（图5-32）。全县各地寒冬时期喜喝热酒，爱劝酒猜拳。东南部山区习惯用饭碗饮酒、喝茶，宁远人喝茶，四乡有别。县境东部喜喝浓茶。太平、下坠、岭头源、云潭、保安一带，清早起床，第一件事就是喝茶，习惯用腌菜送饮。亲友进门，先以茶招待。尤其是妇女，日饮3~4次，早茶、午茶、晚茶和夜茶。禾亭一带喜用沙罐熬茶，以黄豆、花生、糖果送茶。县境南部，平时

图5-32 宁远烧酒制作过程

图 5-33 村中心的尊敬堂

图 5-34 小桃源村民居天井　　　　　图 5-35 民居内水井

喝井水，很少喝茶，来了客人，亦多以井水相待，故有"南路井水东路茶"之说。其他的还有民间演艺如号子、小山歌、风俗山歌、小调；民间艺术，如村民家中雕花木床、窗棂、木门等，日常生活用（图 5-33 至图 5-35）。地方特产包括宁远血鸭、肉馅豆腐、九嶷黄豆、红瓜子、红薯酒、桃源仙薯片等。

第六章
湖南少数民族传统村落的宗教记忆

第一节　湖南少数民族传统村落的宗教仪式

　　湖南传统村落有近一半少数民族村落，其中以苗族村寨占多数，且地理位置大都集中在湘西地区，尤以湘西土家族苗族自治州为最多。这些传统村落由于地处偏远山区，交通不便，虽然经济上属于欠发达地区，但是却较完整保留了少数民族传统文化，比如凤凰县都里乡拉毫村、麻冲乡老洞村、山江镇老家寨村、山江镇黄毛坪村、花垣县边城镇磨老村、吉首市矮寨镇中黄村、永顺县灵溪镇老司城村等。这些传统村落都具有一个共同的特点，就是苗族宗教仪式基本趋同。所以，本章节以湖南省湘西土家族苗族自治州凤凰县西北部的山江镇老家寨村、黄毛坪村为代表的山江苗寨为例（图6-1），在田野调查和文献收集的基础之上，展示这一地区苗族民间宗教信仰现状，分析这些苗族传统村落的社会结构，探讨民间宗教信仰在传统村落的构建中发挥的作用，进而实现二者关系的调适，以助于传统村落的传承和保护。

图6-1　山江苗寨

一、山江苗寨的地理位置与自然环境

山江（图6-2）位于湖南省湘西土家族苗族自治州凤凰县西北部，距县城20公里。东北与两头羊乡相邻，东南接千工坪乡，西北靠腊尔山乡，西南邻板畔乡。2005年行政区划调整后，山江镇共辖21个行政村和1个居委会，总面积104平方公里，总人口将近2万人，苗族人口比例在99%以上，是一个典型的苗族聚居区，民族传统文化保存较好。山江处于凤凰县中低山区向高山台地的过渡地带，一般海拔在500~900米，最高海拔可达963米，最低431米。属于中亚热带季风湿润气候，四季分明，冬季偏北风，夏季偏南风，有明显的季风环流。年平均降水量为1 308.1毫米，多集中在1—6月，夏秋多干旱。年平均日照为1 266.3小时，年平均气温为15.9℃，无霜期为277天。野生药材资源丰富，有山竹、红根、土茯苓等。森林资源丰富，林业用地占总面积60%以上，有水杉、杜仲、银杏等30多种名木，是全县杉木林基地之一。此外还有榛木等经济林，林产品主要有桐油、油茶、核桃、板栗等。地表基岩

图6-2　山江苗寨村落

是石灰岩、白云岩。大的山脉有八公山、九龙山，溶洞有观娘洞①。

二、山江苗寨的历史沿革与社会状况

山江在元明清时期一直被视为游离于中央王朝和西南土司统治之外的"生苗区"。《续文献通考》中记载，"近省界为熟苗，输租服役，稍同良家，至年则官司籍其户口息耗登于天府。不与是籍者，谓之生苗，生苗多而熟苗寡，其俗各以其党自相沿袭，大抵懻忮猜祸，睚眦之隙，遂至杀人"②。

元朝在山江一带置五寨司，属思州军民安抚司管辖。明袭元制，先后设置竿子坪长官司、五寨长官司，属保靖宣慰司管辖；同时在山江周边设置了镇溪军民千户所，通过"开边拓土，驱苗夺业"来"抚管夷民"，驻地内居民除了驻军及其家属外，其余统称为"苗民"。宣德六年（1431年）到天启年间（1621—1628年），中央朝廷修筑了苗疆万里长城，山江属于边墙外的隔离区。到清朝康熙三十九年（1700年），因讨伐红苗的军事需要，撤卫改隶州县，设立凤凰厅属辰州，厅治设在镇竿。今山江镇的马鞍山、黄毛坪（当时称黄毛坡）等村寨都归镇竿镇前营所管辖。山江一带是乾嘉苗民起义的发起地和根据地之一，嘉庆二年（1797年）平息起义之后升散厅为直隶厅，苗疆的范围才逐步稳定下来，山江位于苗疆腹地。中央朝廷实行苗防屯政的治苗政策后，修边墙建关隘，屯田练勇，势力真正深入到山江地区。山江始称叭固，一说寨边有个蛤蟆众多的山洞，为蛤蟆洞；一说为干旱的山洞。嘉庆六年（1801年）在此建立兵营，有重兵把守，遂称之为总兵营。解放后在西北方向的山上修建山江水库，民众便以水库名称呼地名，沿袭至今。

山江的经济状况在凤凰县属于中等水平，农业和旅游业是其支柱产业。山江农业人口为1.8万人左右，农作物以水稻、甘薯、玉米、马铃薯等为主。绝大多数年轻人都外出打工，务工所得是一般家庭的重要经济补充。经济作物以烤烟为主，整个镇的烤烟种植面积达到2 600亩。据马鞍山村主任龙生全（62岁，男，苗族，

---

① 凤凰县志编纂委员会：《凤凰县志》，长沙：湖南人民出版社，1988年，第37页。
② 湖南省少数民族古籍办公室：《湖南地方志少数民族史料·续文献通考》，长沙：岳麓书社，1991年，第5页。

初中文化）介绍，"一般来讲，农民种植烤烟的收入在每亩 1 000 元左右"，种植烤烟是村民主要的经济收入。此外，养殖的家畜家禽主要有猪、牛、鸭等，大都自产自销，获得的收入很少。镇内汽车站在距寨门约 300 米处，每天都有直达凤凰县城和吉首市的班车。与以往较为闭塞的状况相比，交通条件得到了较大的改善。纵横分别有凤（凰）腊（尔山）、凤（凰）麻（冲）公路穿境而过，可直达凤凰县城，又与周边的吉首市、怀化市、贵州省铜仁市等地相连。2002 年以来，随着凤凰县旅游产业的大规模启动，旅游业逐渐成为山江的优势经济项目。山江旅游以山江苗族博物馆为中心，以展示传统民族服饰、宗教、建筑、歌舞等文化事象为主，初步形成了一批如苗人谷、老洞民族文化村等纯红苗区民俗体验观光景点。游客由 21 世纪初的 1 000 多人次猛增到现在的超过 10 万人次，极大地推动了当地社会经济的发展，乡民在农闲时可以出售富有民族特色的饰品或者山江特产等，有的甚至全家开始"做买卖"。

三、山江苗寨的苗族族源和宗教信仰

苗族是一个人口众多且分布较广的民族。历史上苗族迁徙频繁，与周边的瑶、侗、土家等少数民族以及汉族交错杂居，形成了现今大分散、小聚居的分布格局。据 2010 年全国第六次人口普查统计数据显示，苗族人数约为 942 万，在我国 56 个民族中位居第六；主要聚居在贵州、湖南、云南、重庆、广西、湖北、四川、广东、海南等省（区、市）。按照语言的亲疏关系来划分，苗族可分为东部方言（即湘西方言）、中部方言（即黔东方言）、西部方言（即川滇黔方言）三大方言区。每个方言区都有特色鲜明的文化事象，尤以民间宗教信仰保存较为完好。

湘西山江苗族属于苗族东部方言区，自称为"果雄"（qoeiuy），由于其"衣带尚红"，至晚在清代就被著以"红苗"称谓。历史上山江苗族活动范围大致位于现在武陵山区腹地的腊尔山台地一带。这与《辨苗纪略》中红苗位于"楚、蜀、黔三省之隅……北至永顺、保靖土司，南至麻阳县界，东至辰州府界，西至四川平茶、平头、酉阳土司，东南至五寨司，西南至贵州铜仁府，经三百里，纬百二十里，周

千二百里，隔越汉境，不得与靖州相接壤"①的记载基本一致，在《苗防备览·苗疆全图》中所载"沅江以西，西江以南，辰江以北，及湘、黔交界以东"②的西南苗疆范围之内。

湘西山江苗族历史悠久，以远古的"果熊果夷"为主体，融合了三苗、盘瓠两部落中的部分先民。其中从黄河、淮河中下游平原地区迁入的三苗部落是炎黄时期蚩尤部落的后裔，他们在秦灭楚后，迁入江西、湖南等地，史籍称之为"荆蛮"，之后又在武陵山区继续向西向南迁移，沿澧水、沅水而上进入五溪地区，时称"五溪蛮"。源于本土的原住居民为盘瓠部落，相传是由高辛氏时期破敌救国的神犬盘瓠妻帝女繁衍而来的，其族源传说在《后汉书·南蛮西南夷列传》中有非常详细的记载。史书记载，这三大族群经过长期的交流融合，至晚在东汉时期已经形成了具有鲜明民族特性的长沙武陵蛮，并与东汉王朝在政治、经济、文化等方面发生互动。

之后，湘西东部的苗族隆姓在南宋时由于战乱从长江中下游搬迁到地势较为平坦的千工坪乡板山（小地名），后因土地资源缺乏，七兄弟中的三个举家迁到山江镇东就一带，后繁衍为东就苗寨的一组和三组，距今约有十几代；而东就二组的张姓则是在较隆姓晚一两代的时间，从麻阳羊公脑迁出，先在山江镇古塘村打长工，不久后一支迁往东就，另一支迁往千工坪田冲（小地名），解放前两支还有往来③。湘西苗族内部迁徙则更为频繁，黄毛坪龙姓据说大都是明清时期从腊尔山镇大马村迁来，而贺姓则是清朝在凤凰县城前往腊尔山中途设置总兵营，外来官兵的后代④。贵州松桃境内的龙姓，除分布在松桃东北部的卜豆支脉与湘西苗族整体迁徙路线相同之外，太胖和贵甫两支脉迁徙较为特殊，据其汉字谱牒整理，各支系后期仍在局部范围之内频繁迁徙，分布在苗疆各地。据说，黄毛坪为凤凰县城通往腊尔山的必经之路，县境内东西、南北交通直线的交汇处，且地势较为平缓、开阔，水

---

① 湖南省少数民族古籍办公室：《湖南地方志少数民族史料·辨苗纪略》，长沙：岳麓书社，1991年，第5页。
② 凌纯声，芮逸夫：《湘西苗族调查报告》，北京：民族出版社，2003年，第29页。
③ 2016年1月25日山江镇东就村龙玉成讲述。
④ 2016年2月21日山江镇黄毛坪村龙召平讲述。

源充足，长满茅草。清廷在这片茅草之地驻扎总兵营，以防苗患，黄毛坪成为山江镇的军事重地。民国时苗王龙云飞也在此地建立府邸，黄毛坪遂发展成为政治中心（图6-3，图6-4）。与周边匪患严重情形相比，黄毛坪治安状况良好，周边苗众更愿意前来赶场。久而久之，黄毛坪发展成为凤凰县的中间集镇，专门设置市场用于赶场，还有镇政府工作人员及民兵队员负责治安、疏通交通（图6-5，图6-6）。

图6-3　村落依山而建[1]

图6-4　黄毛坪村碑（霍晓丽）

图6-5　黄毛坪村（霍晓丽）

图6-6　山江镇镇政府所在地黄毛坪村（霍晓丽）

　　山江苗寨苗族民间宗教信仰是本民族的"文化遗留"，是先民"按迹探求世界

---

① 《湘西》山江苗寨，http://www.huitu.com/photo/show/20150402/172932918200.html。

文明的实际进程中的事实证据",即民族早期的习俗、文化在当下的遗存或痕迹。苗族民间宗教信仰在山江苗寨有着内在的适用性、传统的继承性以及文化的稳定性,留存较为完好。苗族历来畏神信巫,虔信程度在其他民族中罕见,如遇到生病就认为"有鬼",经常请巫

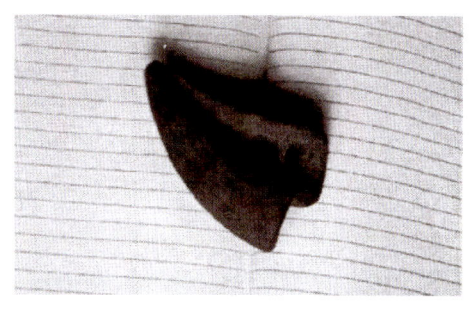

图6-7　祭祀时候使用的卜卦[1]

师祈祷、祭祖先、祭天地,或者举行椎牛、接龙等法事(图6-7)。早在清朝光绪年间的《永绥厅记》中就有记载,苗族民间宗教信仰有"三十六堂神"和"七十二堂鬼",到民国时期凌纯声、芮逸夫前往湘西考察,将近百堂鬼神大都得以完好保留,并认为其中四十堂祭鬼仪式中十六堂属于苗教,二十四堂属于客教。尽管20世纪50年代后,主流社会对包括苗族在内的少数民族民间宗教信仰有较大程度的抑制,但80年代以来,随着民间宗教信仰重新被逐步认可,作为苗族文化遗留的民间宗教信仰迅速得到恢复。在民间宗教信仰中,信仰对象与祭祀仪式始终是两个重要的范畴。信仰引起仪式,仪式是对信仰的表达,二者相辅相成,共同构成民间宗教信仰中两个不可或缺的内容。

(一)自然物崇拜

1. 枫树

《苗族古歌·枫木歌》中唱到:"还有枫树干,还有枫树心,树干生妹榜,树心生妹留",意为枫树干和枫树心生出了妹榜妹留(苗语对蝴蝶妈妈的称呼)。蝴蝶妈妈是苗族始祖姜央的母亲,因此枫树在苗族乡民心目中的地位非同一般。山江苗寨跳花节每年都在马鞍山村举行。跳花节的场地为一块可同时容纳一万多人的凹地,在场地中央有一棵年代久远的枫树,乡民称之为"仙树"或保寨树。每年农历四月初八跳花节的清晨,乡民都会摆放三炷香、三对红烛,五个粑粑、五碗酒以及一碗

---

[1] 霍晓丽:《信仰、仪式与地方社会——湘西苗疆民间信仰传承研究》,华中师范大学2017年博士学位论文,第79页。

熟猪头肉祭奠枫树，以期保佑寨子和前来参加跳花节的人都平安顺利。平时乡民还会通过抚摸树干、摘取树枝、树叶来治疗一些疾病。据马鞍山村主任龙生全讲，"在跳花节那天，整个树身都是闪亮闪亮的"，每年跳花节的参与者众多，承蒙古枫树的保佑没有发生过任何事故。

2. 五倍子树

山江苗族巫师巴代做法事时使用的法器——爻，是以五倍子树（也有用牛角的）为原料制成的。乡民都相信在所有的树木中五倍子树（图6-8）是最"有杀伤力"的。相传清朝时，当地最年轻的首领吴天霸组织民众起义攻打凤凰县城，起义队伍佩带的兵器就是用五倍子树制成的五倍子刀。在巴代法事的庇护下，起义队伍刀枪不入。虽然起义最终因巴代法力时间有限、寡不敌众等因素而失败，但五倍子树一直都是山江民众心中的辟邪力量。

图6-8　五倍子树

3. 竹子

竹子在山江也是备受崇拜之物，山江苗寨几乎家家户户都在屋檐处挂一束由12根水竹制成的竹子捆。据说竹子捆必须在巴代做过法事后才可以悬挂，用来驱赶"仇鬼"，不准其进家门。

4. 泉水

作为"万物之本原，诸生之宗室"的水，与苗族民众日常生活、生产关系密切，成为最早的崇拜对象之一，水崇拜至今保留较为完好。民众长期以来对泉、雨、河、井、雷、龙等与水相关的原生态或次生态形象顶礼膜拜，形成了极具苗族特色的水崇拜现象，并折射出苗族民间信仰中丰富的环境观。苗疆各个村寨都有水井，自来水未进寨之前，一直是寨民日常和农田的用水来源。每逢年节，寨民就会携带香、纸、酒、肉等祭品到水井处敬拜，期望井水用之不竭。

凤凰县山江马鞍山龙姓巴代求雨灵验的故事，至今还在当地广为流传。马鞍山村有一口"挑不完"的井，当地人称为"打狗冲"。相传很久以前寨子还是深山老林的时候，有很多琵琶鬼（当地人对地痞流氓的称呼）到处偷鸡摸狗，到手后就到井水处冲洗、蒸煮，由此得名"打狗冲"。清朝时总兵营驻扎了军队，天旱已久，兵营长官就派兵把持了这口唯一有水的井，命令士兵四天五夜不间断挑水，井仍未干涸，遂撤兵离去，老百姓才有水喝，就称为"挑不完的井"。这口井的水源是马鞍山村头一处泉眼，泉眼只有碗口大小，水量异常丰富，承担着周围乡民的日常生活用水和农田灌溉用水。每逢年节乡民会到泉眼处敬拜，认为泉水是神圣的。

5. 天

环境因素会对人类历史产生巨大的影响，湘西苗疆之所以崇拜天、水、雨，是因当地少雨缺水的气候所致。山江苗寨每到春耕时节，即农历三月份的时候，家中有田地的民众先请阴阳先生择出吉日。届时，主家带若干香、纸、半斤白酒以及四两煮熟的猪肉，前往自家田地，专门敬奉"老天爷"，祈求当年五谷丰登。这里的"老天爷"是民众对自然界的"天"人格化认识结果，具有保佑五谷丰登的神力。还有一个被民众称为"天上"的地方，是祖先寿终正寝之后才能到达的祖居之地，为所信仰的众神居住的场所。

6. 土地

山江苗族历来信仰土地，将之尊称为"土地公公"，每个村寨都建有专门供奉土地的庙。"文化大革命"期间，土地庙都被破坏，土地公公也被当作"牛鬼蛇神"禁止祭拜。20世纪80年代以来，土地崇拜重新回到乡民的日常生活中，土地庙大都重新修建，虽然如今对土地信仰程度远不及以往，但仍较为普遍。农历每月初一或者十五，乡民们会带香烛、纸钱、瓜果、白酒和肉等物品供奉土地神，祈求家中五谷丰登、平安顺利。在马鞍山村，每年农历二月初二，村主任组织寨民集资，每家每户几元到50元不等。所集资金用来购买猪、牛（据祭祀规模大小而定）、酒、香、纸、蜡烛等祭祀物品。然后请巴代札到场主持祭祀仪式，祭品为所有的生、熟肉、三斤六两牛肉、三炷香、三对红烛。集体祭拜仪式结束后，各家各户分别带香、纸敬土地公公，祈求其保佑全家平安，请巴代札预测一年的运势。最后全寨民众在土地庙前分食祭品。

由此可见，湘西苗族传统村落的土地神在不同历史时期各有侧重，如初迁山区，保佑出猎收获、平安，猎神职能较为突出；落业安居后，农耕为主，保佑风调雨顺、五谷丰登，农业神职能明显；而保佑共同生活地域的平安也日益凸显。近年来，苗疆外出务工的人员增多，土地神护佑本寨民众外出平安的职能又备受重视。总之，湘西苗疆土地神日渐成为集保佑农业丰收、狩猎平安、村寨顺利于一身，与寨民生活紧密相连的神祇。

7. 山

图6-9　中国苗寨博物馆中的山神（霍晓丽）

狩猎曾经是山江苗族社会生产、生活的重要组成部分。以往乡民进山打猎之前会请巴代祭祀山神，祈求山神保佑出猎顺利；捕获猎物之后，也要给山神烧香、烛、纸钱等，对山神的惠赐表示感谢。现在狩猎已退出山江苗寨，但山江苗族每个村寨仍有各自的村寨保护神，即山神（图6-9）。据说山神所在的山坡越高就越灵验，当地人仍称为土地公公。

每逢过年、农历每月的初一、十五或者家中发生不幸时，乡民就会到山坡上祭拜山神。其中以黄毛坪村的祭山仪式最为隆重。过年前夕，村主任龙召平（41岁，男，苗族，初中文化）会组织寨民每家每户拿出20~100元不等，集资作为购买敬神物品的费用。村委会再请巴代算日子，一般为腊月初一或腊月十五。届时在龙召平的带领下，捐钱的每家派一个人到山江最高的山坡上。民众在石头搭建起的桌子上供奉准备好的猪头、猪肉、熏好的鸡、水果、粑粑、酒、香、红烛、纸钱等祭品；在石桌的石缝内塞满叠小的纸钱；石桌前面插一面红旗，点香烧纸，燃放爆竹，祭拜山神，保佑全家人翌年平安顺利。据说黄毛坪有两座高山，山上分别住着保佑平安的土地公哥哥和保佑发财的土地公弟弟，后者住在"更疆"（苗语音译，为一地名），即乡民每年去祭拜的这座山。祭山神是全寨每年一度的大型活动，乡民大都会去求财求平安，整个祭拜仪式由巴代雄主持。

8. 洞穴

洞穴是人类较为原始的居住场所，对于迁徙频繁的苗族来说是最容易获得的遮风避雨的地方。现在山江苗族仍有洞穴崇拜的遗留。东就村二组曾以附近的山洞——川洞为名，乡民认为川洞是司雨神龙王的府邸，洞口"就是龙王的家门口"，每次求雨仪式都在川洞洞口进行，在此烧香敬纸显示出对龙王的敬重。

9. 牛

牛在山江苗族心目中有着极为重要的地位。专门为椎牛活动购置的牛要细心照料，只能喂草。椎牛当天要给牛喝一碗酒。椎牛活动结束后，牛肉分给各家吃，会保佑家人身体健康；牛皮做成鼓敲打，可以保佑出征胜利；牛角挂在主人家堂屋中央，用来辟邪驱灾。

10. 龙

龙是山江苗寨极为普遍的崇拜对象，乡民称很多有神性的灵物为龙。家家户户建房时必须请巴代札做"安龙"仪式，即在堂屋中央安放由酒和朱砂制成的"龙眼"，用以镇宅。在安龙之前还要到河边请龙，用以祭拜土地里的龙保佑全家安宁。苗族本土学者龙文玉（74岁，男，苗族，大学文化，湖南省苗学会会长，原湘西州副州长）解释了苗族地区龙信仰的由来：一是卵生说，苗族古歌中提到苗族的祖先姜央兄妹是蝴蝶妈妈下蛋孵化而来的，在北京的中华世纪坛上苗族的标志就是蝴蝶，由此认为苗族的龙是蝴蝶龙；二是胎生说，苗族始祖蚩尤是青蛇化生的，龙也是由青蛇变化而来的，所以龙是苗族的始祖；三是滋生说，相传螃蟹打水井，冒出的水滋生出了一位繁衍苗族先民的美女，她就成为苗族的女性始祖；四是图腾说，苗族以前很多部落都以龙为图腾。他认为苗族的龙是从自然龙发展到文化龙。此外，山江苗族每逢久旱无雨，都会集资购买祭祀物品请巴代做法事，祈求龙王降雨。

（二）祖先崇拜

对于频繁迁徙的苗族来说，祖先崇拜的情结更为浓厚。苗族的祖先崇拜分为始祖（如蝴蝶妈妈）崇拜、氏族（如姜央兄妹、蚩尤）崇拜、家族（又称为家先）崇拜。目前，山江苗寨苗族的始祖崇拜表现在马鞍山村跳花节时对枫树的祭拜上，对氏族祖先姜央兄妹、蚩尤的祭拜则反映在巴代札的"还傩愿"仪式中。始祖和氏族祖先崇拜已经逐步淡出山江苗族的历史记忆，变得较为模糊。家先崇拜一直以来都很兴盛，乡民们逢年过节都会在家中的神龛处祭拜家先，不分男女，家人全部参加。

除此之外，每年腊月到春节期间，山江很多民众都会请巴代主持杀猪仪式，以祭祀家先，祈求其保佑子孙后代平安健康、富足兴旺。每年农历二月、三月，有的家庭还会请巴代到自家祖坟去做法事祭祀家先。届时事主家准备一头羊在祖坟前宰杀以供祖先享用。也有部分富有家庭供祭一头猪，香、烛、纸钱、瓜果等祭祀用品必不可少。这种在祖坟前大规模的现场祭祀活动三五年或者七八年举行一次，有的家庭甚至十几年一次，要根据家庭的经济情况以及家中发生重大变故来决定。

（三）其他神灵崇拜

1. 观音

据黄毛坪村前村主任吴楚和（59岁，男，苗族，小学文化）回忆，民国时期山江苗族盛行观音崇拜，很多地方还建有观音庙。"文化大革命"期间，观音庙都被拆毁，观音信仰也随之淡化。

2. 财神

山江苗寨做生意的人家都会在农历每月初一、十五敬奉财神，或者家中专门供奉财神像。调查发现，山江镇中心一小卖部老板娘龙芳芝（40岁，女，苗族，高中文化）在自家门前敬财神，将豆腐和煮熟的猪肉分别装在碗里祭祀素神和荤神（都为财神），点香烧纸以保佑家人身体健康、生意兴隆。

3. 飞山圣公

在山江镇寨门不远处的山中，至今仍有一处飞山圣公庙的遗址，据说飞山圣公曾经香火极盛，后来飞山圣公庙毁于"文化大革命"时期，说明在"文化大革命"之前山江苗寨还有飞山圣公信仰。现在当地人很少提及飞山圣公。此外山江苗寨苗族家里买了小猪也都要烧纸钱，虽没有说明具体的供奉对象，当地人统一称为敬神。

四、山江苗寨的求雨仪式

苗族居住地区大都属于典型的喀斯特地貌，雨水稀少一直困扰着当地人正常的生产生活。在山江如天旱二十天以上，就会影响农作物生长以及人们的生活，每逢天旱已久，寨民就集资购买祭祀物品，请本民族巫师巴代到寨边的水沟、河边或者附近山洞祈求龙王降雨，山江马鞍山村寨龙姓巴代求雨灵验的故事至今在山江苗寨广为流传。近十年来，山江苗寨内每年都要以村寨为单位举行至少 4~5 场求雨仪式。求雨仪式一般由村委会组织、巴代主持。

山江东就村 2013 年以来一直少雨，入夏后更是滴雨未降，村里的庄稼、特别是主要经济作物烤烟都已枯黄，旱情严重。寨民经过集体商议后决定举行求雨仪式，并像过去一样请村委会出面组织，村委会通过与巫师巴代协商，求雨仪式举行的时间定在阳历 7 月 21 日。村民相约，每家出资不低于 10 元，用于购买相关祭品，如家庭有困难，可不出资。这次求雨仪式共募资 1 280 元，用这些资金在集市上购买了一只公羊、一只雄鸡、三十斤猪肉、三箱啤酒、一小桶白酒、一麻袋纸钱等祭祀用品。苗族巫师分为巴代雄和巴代札，求雨仪式一般由巴代札主持，据说身为武官的巴代札掌握的兵马众多，如在与神灵沟通无果的情况下可以强行派兵，兵力不够时还可以向其他巴代札借兵，威胁甚至强迫神灵降雨；而身为文官的巴代雄只能请求神灵或者以祭品数量多少为筹码与神灵讨价还价，来达到降雨的目的。由于在东就村巴代札曾经求雨不灵验，后改请巴代雄后却能如愿以偿，于是村民认为求雨的地点——川洞"应该归巴代雄管辖"，之后在川洞举行的求雨法事一直请巴代雄来主持。此次求雨的巴代雄龙尚金师傅自度职以来，在 2010 年主持过求雨仪式，仪式过后一连下了几天几夜的雨，村民觉得"很是灵验"，村委会以及村民们一致同意请龙师傅来主持今年的求雨仪式。东就村寨每次求雨仪式都在川洞洞口进行。据说川洞为主管东就一带龙王（因川洞在当地又称为雷公洞，龙王也称为雷公）的府邸，如在洞内举行仪式有登堂入室对神灵不敬之嫌，洞口既有水源又阳光充足，此处"就是龙王家门口"，在此烧纸敬香显示出对神灵的敬重。

关于求雨的时间在当地有一个传说，东就村一带有嬷嬷山、乌龙山、川洞三座大山，每座山中都有一个龙王居住的洞。一日，积怨已久的龙王们通过打斗争做老大，打得天昏地暗、狂风骤起，只有川洞的龙战死。从此，嬷嬷山的龙成为一大王，乌龙山的龙是二大王，川洞后来的龙为三大王。由于川洞龙王排行第三，势力最弱，在施法降雨前必须经过一大王、二大王的同意。2013年，虽然川洞一带天旱已久，还是等到嬷嬷山、乌龙山的人求过之后才着手举办。东就村此次求雨，经地理先生（又称为风水先生）推算在"过秋"（立秋的意思）之前的某一天进行，定在农历六月十四（阳历7月21日）。至于具体的开始时间没有明确规定，村民自行协商，此次定在忙完农活的午后。当地人认为立秋之后求雨会导致来年阴雨不断，极有可能造成洪涝灾害。求雨仪式的时间确定后，龙师傅在求雨前，到比较大的山谷和井边烧纸钱，通知各地"小鬼"在仪式开始时按时集合，以助求雨。

（一）请神

图6-10　家藏的神图[1]

整个求雨仪式分为请神、敬神、送神三个部分。在求雨仪式正式开始之前，要布置法事现场（图6-10）。

约11:30，两个十二三岁的少年牵羊首先来到川洞。

12:15，十多个村民陆续前来，每人都背着祭祀所需的物品。大家将背来的啤酒、三块猪肉放到洞内的水中；并就地取材用石头搭建两个灶台，分别架上一口锅，将背来的柴禾放入灶中，炒煮切碎的猪肉。

12:40，龙师傅头戴蓝白相间的帕子、上身着蓝色的对襟褂子、下身穿黑色的裤子（只有在做法事时才会这样穿着）到达洞中，指导村民在距离灶台约20米的地方摆放祭祀的供品。一张方桌上摆

---

[1] 霍晓丽：《信仰、仪式与地方社会——湘西苗疆民间信仰传承研究》，华中师范大学2017年博士学位论文，第176页。

放祭天龙的祭品，一斗大米，上插三炷香以及马鞍山寨子送的"人情"50元，斗的左边放两沓纸钱，右边是一捆散开的香，正前方是一块放在碗中的熟猪肉，碗上放一双筷子，肉的周围放着同样的五个碗，碗中倒有少量的白酒。酒碗之间的空隙处摆放着三叠面饼，每叠两个。桌子的前面拴着小羊，桌下拴着公鸡。龙师傅站在桌后。桌子左边不远处的地上摆放着祭祀地龙的祭品，正中间插三炷香，香左边是放在小盆里的一块熟猪肉，右边是放在碗里的较小、且上面插着两炷香的生猪肉。香前面放的是三块饼。饼的右边是两沓纸钱，前面是两碗酒。负责烧火的人将烧红的木炭放在火盆中端给龙师傅。准备工作就绪。前来参加仪式的寨民议论道，求雨的师傅一来就会变天，果然此时外面的天阴了起来。龙师傅年过七旬的父亲也会求雨的法事，专程从家里过来，看儿子求雨法事进展情况。

12：55，求雨法事正式开始。龙师傅取三颗"蜜蜂屎"（即蜂蜡）放入燃烧的火盆中，开始默念经文，挽指诀。据说，曾经在巴代雄做椎牛（苗族地区的一个隆重的祭祀仪式，仪式上要做法并由法师将祭祀的牛刺死）法事时，有一个会变戏法的人暗地里使了戏法破坏，导致巴代雄误将标枪刺在人身上。后来为了避免法事受到干扰，巴代雄做所有法事之前都要用"蜜蜂屎"封住他人的法术。巴代雄站在木桌前，右手拿法器铜铃，左手执竹笤，用苗语先是念总经，告诉祖师爷太上老君，弟子正在做求雨法事，然后吟唱求雨经文，经文大意为"点上蜡香，摇响铜铃，随着蜡香飘飘而上；田里地里，谷子稻子，因为旱不能生长；天上大神，洞里大王，收下我们准备的祭品，为我们下雨吧！"每吟唱完一段就要打卦一次。巴代雄右边站着一位老人，当地称为陪侍，负责将地上的笤子捡起来交给龙师傅。每逢出现顺卦时，就表示一位大王驾到，下雨的事就可以商量了，巴代雄就摇响铜铃，与陪侍同时双手合十向前鞠躬连拜三下。这一过程持续约半小时，据龙师傅讲解，其他两位大王都痛快地答应前来。在请三大王时，卦总打不顺，龙师傅说，三大王一直在请求一大王和二大王，恳求前来施雨。30分钟后，打出顺卦，一大王和二大王已经允许三大王前来。至此，请神过程结束。

（二）敬神

13：30，巴代雄休息，众人开始杀羊、杀鸡。待羊血、鸡血流尽，将之放到煮沸的开水中烫过之后再褪毛。然后放入锅中煮温即可，不能太熟，每个部分都要切下一小块敬神。

14：42，两位专门负责在巴代雄家里煮饭的中年男子提着煮好的两桶饭到达川洞。众人将米饭以及煮好的羊肉、鸡肉分别装进碗里；同时把纸钱都摆放在桌子和地上祭品的周围，桌上增加了五碗熟肉、四碗米饭，米饭的碗上各放着一双筷子，桌下多了一个放着内脏和蹄子、爪子的碗，桌前地上放着一块生猪肘肉。敬地龙的祭品增加了一碗肉和一碗米饭，米饭上放着一双筷子。

15：00，法事继续，开始敬神。龙师傅念经，经文大致意思为："我们精心准备的食物，请您享用，我们的生计需要您保佑，请下雨吧！不知今天能下雨吗？能下几分雨（苗族用"分"来形容下雨的数量，求雨时的十分雨就是能彻底缓减旱情，如果持续几天就会形成洪灾，以下类推。一分雨对于缓减当时的旱情没有很大的作用）呢？"用竹答来占卜多少供品下几分雨，大王们是否同意。巴代雄想以最少的代价为寨民获得最多的雨水，经过一番讨价还价之后，能看懂卦相的人就说，龙王答应用现在所有的祭品换来当晚六分的雨。村民们议论起来，都很期待晚上的降雨。

（三）送神

15：20，与龙王们商定好下雨的时间和数量之后，龙师傅念经请龙王们享用所用的祭品，待他们享用完毕，再念经送走；并告知祖师爷法事完毕请来享用供品。同时点燃香、纸，所有到场的村民们作揖、鞠躬祈求龙王如约赐雨。

15：50，求雨法事完毕，在场的42位村民们将祭品烹饪好，就地分吃，热闹地"沾点龙王带来的灵气"。东就村在求雨当晚确实下了雨，但只有"一分"，没有达到村民们所期待的雨量，旱情还是没有缓解。在后续的调查中得知，在山江苗族地区，即使是没有在巴代所说的时间内下雨，或没有期待中那样多的雨量，大家也不会对求雨的师傅有看法或者不愉快，而是会归结为敬奉的钱少或者神灵不讲信用的原因，翌年天旱还会请巴代求雨。

五、山江苗寨的民间宗教信仰解读

（一）山江苗族民间宗教信仰的多元信仰体系

"万物有灵论"包括信奉灵魂和未来的生活，信奉主管神和附属神。这些信奉在实践中转化为某种实际的崇拜。它构成了原始人的哲学基础和文化基础[①]。山江苗族的民间宗教信仰以自然物（如泉水、天、土地、山、洞穴）、动植物（如牛、枫树、五倍子树）、鬼魂、祖先（如家先）、图腾（如龙、枫树）、灵物（如竹子）、巫（如巴代、仙娘）等为信仰对象的基本形态。山江苗族乡民认为作为信仰对象基本形态的实体消失之后，其灵魂会继续存在，这些灵魂或者精灵本身会上升到威力强大的诸神行列，进而主宰控制着人世间的一切现象和人的来世今生，从而引起乡民对信仰实体及其灵魂的敬香、烧纸、贡物等祭拜行为，以期得到神灵的庇佑。

山江苗族民间宗教信仰的主体仍停留在以"万物有灵论"为基础的原始宗教阶段，即宗教学上划分的原始社会的自然宗教（或称原始宗教、自发宗教）阶段。由于迁徙频繁、生存条件恶劣等原因，山江苗寨经济文化长期发展缓慢，苗族民间宗教信仰在原始的信仰形态形成之后，没能够步入阶级社会的古典宗教（即神学宗教）阶段，更没有可能发展到现代宗教阶段。在经济文化取得巨大的发展的现代，山江苗族民间宗教信仰缺乏组织性和制度性，仍未形成统一的道德共同体——教会。在与周边其他民族的交流融合中，吸收了不同民族的神灵信仰内容，如观音、财神、飞山圣公等，不断融入了儒、释、道，乃至基督教、天主教的宗教因素，最终形成了混融复杂的多元信仰体系。

（二）山江苗族民间宗教信仰具有世俗性

山江苗族信仰对象和祭拜行为较为随意，民间宗教信仰具有较强的世俗性。信仰仪式往往是集体信仰和集体观念的具体表达。2013年，东就村民众期待着一场大雨来缓减旱情，巴代求雨灵验已成为山江苗寨的权威标准。他们通过求雨仪式，表达对龙王的信仰，再次将权威标准展演成为"真正的实在"。在山江苗寨巴代礼

[①] 王铭铭:《西方人类学名著提要》，南昌：江西人民出版社，2006年，第465—467、468页。

求雨本是惯例，但由于民众长期的世俗经验，巴代雄求雨更为灵验的权威标准已被广泛接受。多次的仪式和与权威标准相遇并互相加强，促使东就村求雨仪式的主角由巴代雄担任。仪式主持者的变化表明苗族民间信仰随着乡民生活变化在不断进行自我调适。

  在川洞洞口临时搭建的表演场地成为村民集体文化展演的公共场域。在可见的公共活动空间里，巴代雄和参与的民众都是求雨仪式展演中的演员。他们分工明确，各司其职，按部就班地在场域中完成所属的角色表演，并借助一系列符号（如祭祀物品）建构着山江苗族的文化模式，按照现实需要塑造着自身，也按照自身需要演绎世俗的生活。这一场域是建立在山江苗族民间宗教信仰的传统文化背景之上的。在东就民众的观念里川洞就是司雨龙王的府邸，表演的场域只有设立在龙王府邸的门口，才能显示人对神的膜拜和尊崇。仪式中所有的酒、肉、饼、米等供品都是用来献给龙王的美味佳肴。香、纸等祭祀用品既是巴代雄沟通神人交流的中介，更是"贿赂"龙王的"钱财"。在巴代雄通过"求雨经文"和"打卦"与龙王进行协商的仪式过程中，在场的每个人都屏气观察着卦象，看龙王是否同意下雨，允许下多少雨以及何时下雨。巴代雄是表演者，其他民众是观众，全体东就民众都是场域中仪式的演绎者。他们共同通过酒、肉、饼、米、香、纸等象征符号进行着山江苗寨共同的社会文化行为，共同阐释着乡民日常生活的严肃性以及民间宗教信仰的世俗性。

（三）民间宗教信仰仪式反映出苗族追求人与自然和谐的心理素质

  原始社会自然宗教以及少数民族民间宗教信仰同时包括理论上的信仰和实践中的崇拜。其中"实践中的崇拜"被表述为"仪式"，即人们对某种事物的崇拜在生活、生产中必然的外在表现形式。仪式的目的在于不断重新加强个人从属集体的观念，使人们保持信仰和信心，使共同体维持下去。仪式的价值在于对人类的独特要求，根植于人类生存于最普遍的语境当中，认为人类通过仪式认同与表演自己的精神气质、世界观，与神圣象征符号达成共建。仪式不仅是意义模式，也是一种社会互动形式[①]。这在山江苗寨东就村苗族求雨仪式中得到了深刻诠释。

[①] 王铭铭：《西方人类学名著提要》，南昌：江西人民出版社，2006年，第465-467、468页。

山江苗族属于山地耕猎型民族，族群的永续发展以及人与自然的和谐问题尤为重要。求雨法事本是实现族群发展的手段，在特定环境下期望达到人与自然和谐，最终达到自我关怀的目标。求雨仪式完毕，巴代雄以及仪式的参与者欢聚一堂，尽情享受着久违也难得的畅饮时光，宣泄着平日劳作的艰辛与收成的无望的焦虑。尽管现实田地里的玉米、山坡上的草木仍然在炎炎烈日之下，但他们相信彻底缓减旱情的甘霖会很快降临，绿油油的烟叶和硕果累累的庄稼会呈现在眼前。集体"狂欢"并没有使民众忽视眼前的危机，而是满怀希望期待着丰收。正如民众所料，龙王只是象征性地飘洒了几滴雨水。他们认为"神仙也和人一样，总有说话不准的时候"。但民众不会对巴代雄不满或者降低对龙王的虔诚信仰，而是用供品不够多等其他原因来解释权威标准受到的挑战。正如涂尔干所言，"仪式是集合群体之中产生的行为方式，它们必定要激发、维持或重塑群体中的某些心理状态"。① 山江苗族这种自我抚慰、不断追求人与自然和谐的精神气质，在民众已认可的生活方式和假定的现实结构之间形成了简单的一致。它们互相完善，互相赋予意义。②

第二节　湖南少数民族传统村落土地神崇拜风俗

湖南传统村落中具有独特的民间信仰体系，尤其是土地神崇拜是众多湖南传统村落重要的神祇崇拜。本节以东部苗族③土地神崇拜为研究对象，并且实录了湘西凤凰县的传统村落千工坪乡高坳村（图6-11）、黄毛坪村合寨祭祀土地神仪式，调查不同

---

① [法]爱弥尔·涂尔干:《宗教生活的基本形式》，上海：上海人民出版社，1999年，第11页。
② 详见霍晓丽:《苗族民间宗教信仰与和谐社区建构关系研究——以湘西山江苗族为例》，湖北民族学院2014年硕士学位论文，第9-18页。
③ 注：苗族按照语言的亲疏关系，可以划分为三大方言区。东部方言区的苗族主要分布在湘、黔、渝、鄂交界处的武陵山地区，又称为东部苗族。东部苗族长期生活在明朝万历年间修筑的三百余里边墙之外的苗疆，常被称"生苗"称呼；又因"衣领、腰带皆红"，以"红苗"见载于史籍。

职能的土地神类型和丰富多彩的祭祀仪式，其中合寨祭祀土地神最具代表性。东部苗族土地神崇拜受到周边汉族土地神信仰的影响，呈现出明显的混融性、民族性和地域性特点。土地神崇拜的文化内涵也随着社会的进步而发生变迁。土地神祭祀仪式数量的减少、程序的简化，仪式主持者的缺失以及民众信仰虔诚度的下降，都反映出东部苗族民间信仰的衰微趋势。

图6-11 高坳村全景（霍晓丽）

一、东部苗族土地神崇拜概述

"自然是宗教最初的原始对象"[①]，土地为人类提供了赖以生存的地理空间和生活资源，直接关系到群体的繁衍与发展，对土地的崇拜成为人类原始信仰的重要组成部分。"民族文化与环境之间具有适应和矛盾调适的现象。"[②] 武陵山地区多山少田的自然环境，形成了东部苗族崇拜土地神的民间信仰现象，影响着东部苗族土地神的类型和土地庙的修建。村寨特殊的地理环境还会促使"专职"土地庙的设立。如在马鞍山，相传很久以前有两只不知名的鸟，每天早、中、晚都会按时从高坡飞到进寨处的水塘内洗澡，寨民觉得水塘意义非凡，就在旁边修建了专司水塘的土地庙，以敬奉水塘土地神。

苗族东部方言称土地神为"都待"，民间还有土地公公、土地婆婆、土地菩萨等称呼。东部苗族在建寨初始就会请地理先生，选择能够保佑村寨大发兴旺的吉地作为土地庙址；再用石块或岩板修建3~5座呈"六"字形的土地庙，寓意吉祥顺利，或为方便起见，修成"口""吕"字形。土地庙门朝向村寨，栽种在庙周围的树木严禁砍伐。湘西苗族流传着土地神生前精于卜算，寨民修屋建庙，都会请他择

---

① [德]费尔巴哈著，王太庆译：《宗教的本质》，北京：商务印书馆，2010年，第2页。
② 宋蜀华：《论中国的民族文化、生态环境与可持续发展的关系》，《贵州民族研究》2002年第4期，第17页。

吉日、选吉地。但他在给自家修建房屋时，所选的日期和地势总有不利之处，至死都无屋可住，最后死在了一棵树（一说岩板）底下。后人感念土地神，就砌一矮屋为庙来供奉他，并在庙周围依势栽种树木。

湘西凤凰地处云贵高原东侧的武陵山脉与沅（陵）麻（阳）盆地的交接地带，地势自西北向东南呈三级台阶递降，全境有腊尔山、南华山、青龙山、天星山、凤凰山、八陡山等47座山脉[①]。境内各苗寨受多山地形的影响，一般都有4位土地神。

一是高坡土地神（苗语为"更疆"，也称作将军土地神、高表真山），其庙位于村寨附近山坡的高处，民众相信庙所在位置越高，土地神就越灵验。高坡土地神在苗寨中最神通广大，负责保佑全寨风调雨顺、寨民平安顺利。寨民在腊月、正月择吉日或过年、二月初二、八月初二，抑或发生重大事件时，会合寨祭祀高坡土地神，并请苗族巫师巴代札主持仪式。如果不合寨祭祀，寨民在正月初一、十五到庙前祭拜。黄毛坪合寨祭祀高坡土地神的仪式在凤凰县山江镇最为隆重，每年都由村委会组织，寨民自愿集资购买祭祀所需供品。届时每家至少1人前往高坡，共同更换土地庙前的旗帜，并上香、烧纸。2014年，村委会还利用寨中狮子队拜年得来的8 000多元，修整了通往高坡的山路，以方便寨民前往祭拜。马鞍山则不会每年合寨祭祀高坡土地神，一般是8年或寨中遭受灾害时才会杀牛祭拜（当地人称为"大搞"）。

二是四方统领土地神（苗语为"表牛"），其庙位于村寨内，主管村寨日常事务，保佑五谷丰登、人畜健康、家庭和睦、男女老少不丢魂。川洞"表牛"庙由石块垒砌成"口"字形，庙后有1棵大树。寨民须在太阳升起时祭拜，敬奉的香插在石缝里，在庙前祭台上焚烧纸钱。

三是公安土地神，负责一方治安，防止盗贼行窃。其庙位于村寨内，以往赌咒、喝血酒、打官司等解决寨内纠纷的仪式都在该庙前举行。川洞的公安土地庙由石块砌成"吕"字形，上层是土地神的居所，下层用于敬纸钱，中间延伸出来的石板上放置着五碗酒（敬神须用单数，3、5、7、9都可）。庙右边有1棵大树。

[①] 凤凰县志编纂委员会：《凤凰县志》，长沙：湖南人民出版社，1988年，第40页。

四是"表寨"（苗语音译，没有对应的汉语），其庙位于村寨边缘，负责赶走不好的东西，防止它们进寨为非作歹。寨民须在日落时祭拜。"表寨"是4位土地神中唯一吃素的，须用香、纸钱、豆腐、粑粑、水果等祭拜。据老年人讲述，川洞有位很胆大的寨民外出赶集，天色已晚还未到家。途中遇到一个女人央求他背，他就用绳子把她绑得不能动弹扛起来。快到"表寨"庙时，女人很慌张，想要挣脱，他只说"我背你到家"。走到"表寨"庙前，女人现出"巴戒"（苗语音译，为黄鼠狼）原形。他向寨里人喊道"快来人啊，我背到巴戒了"。众人闻声赶来，一起将其打死。

湘西苗族一般会在农历每月初一、十五祭拜寨中的各位土地神。除"表寨"外，其他土地神都用香、纸钱、白酒、粑粑、水果、刀头肉（即煮熟的带皮猪肉）等供奉。

二、高坳村土地神祭祀活动实录

湘西凤凰县千工坪乡高坳村（图6-12至图6-14）于2015年3月21日（农历二月初二）进行了土地神祭祀活动，由该寨巴代札及其徒弟主持，分为寨中安土地神、请将军土地神上山、树立旗帜、喝血酒、祭祀将军土地神等部分。活动持续1天，属于苗族传统祭祀活动中的"小搞"（即杀鸡、用猪肉祭拜）。

图6-12 路边祭祀土地神的祭台（吴昊）

图6-13 高坳村废弃的民居（吴昊）

图6-14 高坳村（吴昊）

（一）田野调查点介绍

千工坪乡，位于"（凤凰）厅北二十五里，纵横各十余里，为厅中最宽之地"[①]；年平均降水量1 337.5毫米，是凤凰县最少雨的乡镇；全年平均气温15.1℃，属中亚热带季风湿润气候[②]。高坳村位于千工坪乡东部，全村约有120户人家，共500余人口，分为5个村民小组，其中第1、2、3组为一个自然村寨。村内苗族占总人口的99%以上，是典型的苗寨，主要有吴、龙、石、刘等姓氏。高坳村因山命名，高坳为南华山南麓余脉，海拔443米[③]，寨民称为屋背后山。

（二）土地神祭祀活动缘由

2014年腊月，外出打工的寨民返乡过年，发现寨内土地庙年久失修、破败不堪，于是倡议重修土地庙，得到其他寨民的积极响应。巴代札经过请神、占卜，确定在旧址上修庙，并于二月初二安土地神。活动由30多岁的龙姓寨民作主管，村里1、2、3组组长负责，每家自愿出资5~200元不等，共筹资5 490元。寨民于2015年正月联系商家定制了1对将军像和3对土地公公、土地婆婆像，并购买水泥、空心砖等建材，请巴代札择吉日，利用空闲时间在旧址上重建土地庙；还购置了祭祀土地神所需的香、牛肉、猪肉、公鸡、纸钱、鞭炮等祭品。

（三）土地神祭祀活动过程

1.寨中安土地神仪式

7:00，寨民分为两组，一组由村干部和巴代札的徒弟带领，到寨中公安土地和"表寨"庙前，由巴代札的徒弟主持安放土地公公、土地婆婆的法事，仪式较为简略。

另一组由龙主管和巴代札带领，在四方统领土地庙前举行安土地神仪式。该土地庙长、高三尺六寸，宽二尺四寸，为砖砌水泥小屋，"人"字形屋顶。庙中上层

[①] [清]黄应培修，孙均铨，黄元复纂《凤凰厅志》卷3《山川》(道光)《凤凰厅志》，道光四年(1824年)刻本。
[②] 凤凰县志编纂委员会:《凤凰县志》，长沙：湖南人民出版社，1988年，第44-45页。
[③] 凤凰县志编纂委员会:《凤凰县志》，长沙：湖南人民出版社，1988年，第41页。

安放土地公公、土地婆婆的神像，男左女右，下垫一块黄色方布，下层为空。庙门两侧刻着"保一寨安康，佑万民平安"的对联，横批为"有求必应"。庙前为祭台，祭台左右两侧摆放着纸质金银元宝各一袋、纸钱各一摞，中间依次为五支红烛、五杯白酒、十三炷香、五块点心、一瓶酒，这些用来供奉土地神。祭台前放置一张黑色方桌，上置一斗生米中插有一支红烛、三炷香、别有一沓纸钱的竹片和若干人民币，米斗两侧放等高的纸钱，七杯白酒，五块点心，上面分别插一双红筷的一碗生米和一块刀头肉，这些用来供奉巴代札的祖师。

9:40，巴代札站立，面对土地庙，右手执竹笞，左手拿司刀，身着日常服装（头戴黑色帽子，身着黑蓝色羽绒服、灰色长裤，脚穿黑色皮鞋，绺巾①（图6-15）披在左肩），他的右侧站立一位"陪侍"，负责续香、烧纸、斟酒等事宜，配合巫师完成法事。土地庙周围或站或蹲的寨民有35位。巴代札唱咒辞、走是步、打竹笞，安放土地神；安置好神像之后，将供奉土地神的祭品分给在场的寨民，以获得土地神的保佑；烧掉纸钱和金银元宝等，其余祭品带回家中。

图6-15　绺巾的正面和反面

10:10，烧完纸钱后，众人齐声喝"发财"，燃放鞭炮。安土地神仪式结束。

---

① 绺巾由30根（分10组）绣花布条缝在一根长46厘米、宽4厘米的木杆组成。布条由法师在"迁该"前到各家讨来，请别家帮忙缝一根，以红色或蓝色为底，上面绣花和颜色由绣者决定，背面要写如"本寨龙红莲叩授绺巾一根，期保清净平安"。

2. 请将军土地神上山

屋背后山上的土地神即高坡土地神。庙中供奉将军土地神，为关老爷的神像，一文一武，寓意寨中文武双全。文将军保佑寨子出人才；神像红脸，身穿金色铠甲，右手握刀，左手托金元宝，站立状；供奉肉。武将军保佑全寨平安顺利；神像古铜色脸，身着墨绿色铠甲，右手握刀，左手向下做拒敌状；供奉豆腐。寨民认为文将军比武将军位高权重，庙宇要修建得高大些，因为"从古到今都是文官管理武官，朝廷也是这样"。寨民对两位将军一样的敬重，但会根据所求事由来决定主要祭拜的对象，之后也会给另一位敬香烧纸，否则"菩萨也会嫉妒，对家人不好"。

10:20~11:00,寨民回家吃饭期间,巴代札主持法事,告知将军土地神,要请他们上山。在巴代札打筶征得将军土地神的同意之后,寨民才能移动其神像。

11:17,寨民陆续在上山路口处集合。所有祭品分装成五份,有的装在背篓里,有的打包好用竹竿挑。各家至少有一人代表全家上山祭拜,带自家的祭品,有香、纸钱、粑粑（家有几口人带几个）等,上山前要到四方统领土地神庙前敬香烧纸。

11:28,巴代札吹响牛角,"一声角号入天庭"[①],通知他的天兵一同上山。路上巴代札要边走边吹牛角开道,徒弟们敲锣[②]、打鼓[③]（图6-16,图6-17）、击镲,以示行踪,带领天兵前往。寨中四位年轻人分两组抬着固定在滑竿座椅上的将军土地

图6-16 锣

图6-17 鼓

---

① 邢莉：《中国少数民族重大节日调查研究》，北京：民族出版社，2011年，第555页。
② 锣，黄铜制成，大直径33厘米，小直径22.5厘米。
③ 鼓，木制，椭圆形，直径40厘米，高35厘米。

神像。

3. 树立旗帜

12:10，寨民陆续到达山顶，将祭品放置在空地边缘，神像安置在土地庙前的祭台上。庙后方有五面靠着树枝的旧旗，是往年寨民祭拜时悬挂的。不同颜色的旗子代表东、西、南、北、中五个方位，要"岔起"挂（即相邻两年颜色不能相同）。寨民聚集在庙前，将红色旗帜捆扎到旗杆上。红色旗帜从集市购买，巴代札在上面写"鬼书"、画符。旗杆是寨民于二月初一在山中选取挺拔的椿树砍伐、刨光制成，约18米长，砍树前需巴代札占卜，看是否为神树、能否砍伐。

12:28，众人捆扎好旗帜后，用力扶起旗杆，将其插入庙前的台地，并用石块加固。巴代札则在一旁念咒，他的一位徒弟吹响牛角，声音激越高昂，其他徒弟敲锣、打鼓、击镲，节奏急促。

12:32，一部分寨民以旗杆为中心，将彩旗挂在庙的周围，作为装饰。另一部分则将神像请入庙的上层，下垫黄色方布。文将军庙下层立着五支燃着的红烛，后置一个内插九炷香的金色香炉。庙前祭台上依次放置一袋银元宝、两沓纸钱、一袋金元宝、若干粑粑、一桶白酒、一瓶酒、五杯酒、两捆香，银元宝底下堆放着所有的香、纸钱。庙前黄色方桌上依次摆放着上插一支红烛和120元人民币的一斗生米，斗的两侧和底下分别放一沓纸钱，内装米粒的塑料袋、七杯酒、上插一双竹筷的刀头肉、五个粑粑、十块饼、一个碗上插一双红筷的白豆腐以及巴代札的竹笏、司刀、牛角①（图6-18，图6-19）等法器。桌下摆四摞纸钱，左边放一袋牛肉。

武将军庙位于文将军庙的左侧后方，较小，格局相同。神像前放一沓冥币，下层立着五支燃着的红烛，后面置一个内插七炷香的金色香炉。祭台上供奉八摞纸钱，金银元宝各一袋，若干小面包。庙前黑色方桌上放置一碗生米上插一支红烛和120元人民币，碗前、左、右、下四面分别放两沓纸钱，一块白豆腐、七个粑粑、七杯酒、十块饼。桌下摆四摞纸钱。

---

① 注：牛角，做大法事敲锣打鼓时，才会吹响牛角。一般吹三声，用于召唤兵马，指挥其协助师傅与恶鬼作战，牛角为水牛角，外弧长56厘米，内弧45厘米，吹口长14厘米，连接处6厘米。内口直径7厘米，外口直径9厘米。

第六章 | 湖南少数民族传统村落的宗教记忆

图6-18 司刀

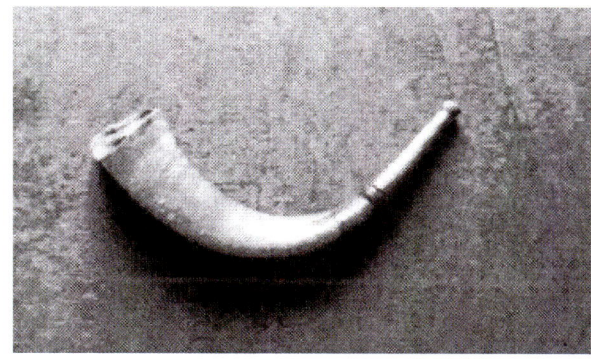

图6-19 牛角

4. 喝血酒

13:24，喝血酒仪式开始。庙前树立巴代札的令旗（图6-20）①，"召起千兵万马神"②。巴代札头戴法巾，一条红色布帕，可"化为南蛇吞鬼神"③，身穿法衣④，踏是步、念咒辞，配合手诀的变化、牛角的转动，打卦，依次从庙前到祭台，祭拜两位将军土地神。他站在祭台上向将军庙撒塑料袋里的米粒，一说象征每位寨民向土地神献祭，一说是给巴代札天兵的战马添加粮草。其徒弟在一旁敲锣、打鼓、击镲，配合师父的法事。

图6-20 令旗

---

① 注：令旗，面红色旗子，长85厘米，宽70厘米，上写有"统兵大元帅"。
② 邢莉：《中国少数民族重大节日调查研究》，北京：民族出版社，2011年，第555页。
③ 邢莉：《中国少数民族重大节日调查研究》，北京：民族出版社，2011年，第555页。
④ 法衣：法事时师傅才会穿法衣，再戴红帕（长宽没有，小搞时只系红帕即可）、系冠札，左肩披绺巾，左手中心拿牛角，右手执司刀。法衣为紫红色布料，蓝色镶边，左右开叉，对襟长袍。根据法师身材量身定制。上面的花纹没有讲究，据缝制者而定长袍前后开叉，开叉处上方绣有龙、波涛的图案。

147

13:38，巴代札告诫寨民要团结一致、齐心协力，众人齐喝"一定"。随后巴代札在文将军庙前杀一只公鸡，将鸡血滴入酒杯中，在地上敬香烧纸。在场的寨民都要喝一口血酒，以表"入伙"的决心。相传，苗族先民要砍伐一棵古老树，刀、斧都对它无济于事，鸡来到附近说"只要用我的一点血擦上，它就会枝干叶黄……人们才用鸡血来抹上，树叶黄枝断……"①。

与此同时，龙主管与村干部一念一写，将本次活动捐款人的名字及金额写到文将军庙的右侧墙壁上，抬头为"功德碑"，从左到右按照捐款多少依次记录，右下角注明日期"二月初二"。

5.祭祀将军土地神

（1）请神

图 6-21 冠

13:50，寨民给将军土地神斟满酒。巴代札解下法巾，与手诀相配合走是步、打卦；双手执法巾，与鼓点配合翻动法巾，再次走是步、画符、打卦；戴法巾、法冠②（图6-21），"头戴冠札见老君"③；穿法衣，"穿来红火掩其身"④；左肩披绺巾。穿衣快要结束时，鼓点热烈。这一过程为请巴代札的诸位祖师。

14:02，巴代札着装完毕，右手执司刀，"斩鬼妖，先斩后奏威信传"⑤，左手拿牛角，踏着是步，在文将军庙前顺时针朝向各个方向依次念咒辞、吹牛角，配马鞭⑥（图6-22），伴有固定的动作。重复转圈三次。寨民拆开高香，在红烛上点燃，

---

① 石如金：《湘西苗族理词》，北京：民族出版社，2010年，第152-153页。
② 冠，冠札总长77厘米，主体部分长37厘米，每片神像总高8厘米，神鸟高3厘米，宽5厘米，"日""月"高5厘米，宽3厘米。
③ 邢莉：《中国少数民族重大节日调查研究》，北京：民族出版社，2011年，第555页。
④ 邢莉：《中国少数民族重大节日调查研究》，北京：民族出版社，2011年，第555页。
⑤ 邢莉：《中国少数民族重大节日调查研究》，北京：民族出版社，2011年，第555页。
⑥ 注：马鞭，由三十六节的竹根制成，用于打妖邪鬼怪。鞭长55厘米，一段系一条绺巾，也在"迁街"时讨来。

两个庙前分别放三炷。巴代札摘下法巾休息。高香布置妥当后,巴代札重新戴上法巾,右手执司刀,左手拿牛角,踏着罡步,再次重复上述法事一次;然后脱下法衣晾晒,休息。

14:56,巴代札戴上法巾,未穿法衣,未披绺巾,右手执竹筶相击,左手摇司刀,念咒辞。众人继续斟酒。巴代札放下司刀,开始打卦;左手接过一瓢水,右手仍执竹筶相击,手指点水分别洒向两座庙,给天仙、地仙以及周围的孤魂野鬼献祭,最后将水倒在桌前地上,打卦。这一过程为请高坳村的各位土地神。

图 6-22 马鞭

15:10,巴代札杀第二只公鸡,烧纸钱、敬酒。之后众人在庙前平地上搭建灶台,烧水,用开水褪鸡毛,并烫牛肉和鸡肉。

(2)敬神

15:54,寨民续香、燃烛,在文将军庙前方桌上供奉烫过的牛肉、整鸡、刀头肉各一盘,上面都擦有辣椒酱,一只碗上平放两炷香。巴代札头戴法巾,穿日常服装,吹牛角、念咒辞;右手拿竹筶挂在左手的司刀上,再拿三炷香,敬神。唱辞(大意为请各位神灵保佑全寨东西南北平安、好运,家家高兴、发大财)、吹牛角等反复进行,从文庙到武庙,由背向到面向,吹牛角,打卦。徒弟们与其相互配合敲锣、打鼓、击镲。

16:35,巴代札按功德碑上的顺序,依次向文将军询问各家一年的运势,轮到哪家就带自家的祭品上前祭拜。巴代札念咒辞、占卜,替每家求到好彩头。这一过程约持续到晚上八点左右。

(3)送神

寨民每家祭拜完土地神之后,燃放所有的鞭炮,巴代札做送神法事。之后,寨民一起在将军庙前分食所有的祭品(当地人称为"打平伙")后下山。①

---

① 引自霍晓丽:《东部苗族土地神崇拜调查研究》,《宗教学研究》2016 年第 1 期。

三、黄毛坪村合寨祭祀高坡土地神仪式

2016年2月22日（农历正月十五），湘西苗疆黄毛坪村合寨举行祭祀高坡土地神仪式。此仪式是黄毛坪苗寨承袭先民祭祀习俗，对本寨最高土地神高坡土地的岁祭活动。黄毛坪由"米勾家留将""米遮""雷打坡""帮抽"（以上都为苗语音译的小地名）、总兵营五个小组构成。前四个都为苗族传统寨落，各有土地庙，但高坡土地为共同地域神祇；第五组是清代设置的驻扎官兵之所，最初多为汉人，后与当地融合，也一同祭拜高坡土地神。据龙召平讲述，族人定居黄毛坪已经五六代，祖上大约清代末期从腊尔山大马迁来①。

高坡土地庙位于山顶，依据地势修建，整体约10多平方米。庙长宽高约2米左右，由岩板搭建而成，上层为存放供品的地方，下层用于敬供纸钱。该庙是龙召平在大约12年前组织重修的，用时一天。石缝中插满了用七根香将若干阴钱和一到两元阳钱串起来的香纸。据龙玉仙介绍，这些香纸只有师傅才能动，一般人动不得，否则对家人和自己都不好。这是用来祈求土地神保佑一家人外出平安、不受欺负的。如果被欺负了，土地神就会用香纸去惩罚坏人。土地庙有两位守门的，敬完土地神之后也要敬奉他们，所以庙前有三堆烧纸的地方。土地庙的右前方树立一根长约二十几米的铁制旗杆。龙召平介绍，这个土地神在常胜将军坡上，是附近最高的坡，土地神什么都能看见，保佑寨民外出打工、开车出入平安、寨子间和谐相处。以前其他地方的人都来这边祭拜，保佑他们出征打胜仗，灵验得很。在这个土地庙前面的山坡是他的弟弟，专门保佑发财，做生意的寨民都会前往祭拜。寨民到达庙前，取下去年悬挂的红旗，在庙前放置供品：一个猪头（要煮熟，放盐），一只鸡，三份刀头肉（装在盆中），一块生猪肉，五块饼，五杯白酒，一斗上插三炷香、一支红烛、120元阳钱（装在红包中）的稻米，斗的左、右、后三面放有一沓纸钱，土地庙上层供奉一对红烛和三炷香，其他祭品还有一袋凉拌猪肉、一袋饼、一堆纸钱、一桶白酒。祭祀的肉多用猪肉，合寨祭祀就要用大一些的猪头，也可用

---

① 2016年2月21日山江镇黄毛坪村龙召平讲述。

羊肉，但禁用牛肉和狗肉。巴代扎主持祭拜仪式，念辞，大意为：现在是黄毛坪村集体祭祀土地神，请土地神保佑全村平安顺利，与周边寨子和睦友好，明年寨民会集资修葺山顶、搭建凉棚。先向土地神询问了寨子一年的运势，之后再替每家每户询问。各家献上携带的供品。

法事结束后，众人将土地庙石缝中的香纸取下，与其他纸钱一起敬奉，分食祭品，商讨修葺土地庙事宜，达成共识。随后，将新置的红旗悬挂在庙前旗杆上，燃放鞭炮。众人再打扫山顶，使土地庙保持清洁。①

四、东部苗族土地神崇拜的解读

高坳村，2015年农历二月初二举行合寨祭祀土地神仪式，是21世纪以来重修土地庙后首次举行的村寨集体祭祀活动。活动虽然尚未按照苗族传统习俗"大搞"，但前后3个月投入的人力、物力、财力，尤其是祭祀仪式过程，显示出了东部苗族土地神崇拜的混融性、民族性和地域性等特点，社会转型之际土地神崇拜文化内涵的变迁以及土地神崇拜乃至民间信仰的生存境遇。

（一）土地神崇拜的特点

东部苗族土地神崇拜受到周边汉族民间信仰的影响，呈现出明显的混融性。人类对土地的信仰由来已久，因为土地是农业的保障，而农业历来为农耕民族安身立命之本。进入阶级社会，土地具备了标识疆域的功能，土地神集自然信仰与人文信仰为一体，汉族形成了民间奉土祭社的习俗。凤凰县城与苗疆毗邻，城内与土地神崇拜相关的坛庙，分别有建于雍正二年（1724年）的先农坛和建于乾隆十九年（1754年）的社稷坛、风云雷雨山川城隍坛等②，民众在"岁时祈赛，亦用僧道，

---

① 引自霍晓丽：《信仰、仪式与地方社会——湘西苗疆民间信仰传承研究》，华中师范大学2017年博士学位论文，第88—89页。
② 《凤凰厅志》卷十四《风俗》，[清]潘曙修，凌标纂：[乾隆]《凤凰厅志》，乾隆二十三年（1758年）刻本。

有……土地寿城隍寿"①,都反映出至晚在清雍正时期境内汉族对社神、土地神、城隍爷等与土地相关的祭拜情形。

汉族土地神崇拜对东部苗族的影响主要表现在如下几个方面。

1. 土地神赋加了人文属性

汉族地区土地神的形象普遍为"老夫老妻白首偕老的一对"②。而东部苗族大多数苗寨土地庙中供奉的土地神没有木质或泥制塑像,土地神是以抽象的概念存在于民众的信仰空间中。东部苗族土地神崇拜以自然物——土地为信仰对象,仍属于自然崇拜。随着与汉族的不断交流,近年来东部苗族部分苗寨的土地庙中供奉了人物塑像,如高坳村土地庙都供奉了土地公公、土地婆婆的神像;高坡土地庙中是三国名将关羽的塑像,并将其分为文、武二将,以庙宇的大小来体现汉族重文轻武的传统观念。

2. 土地庙仿照汉族的形制

东部苗族传统的土地庙是用岩板或石块砌成的呈"六""口""吕"字形的矮屋,土地神职能的高低是以庙的层数或大小来显示。现在东部苗族新建的土地庙与汉族地区在形制上基本相同,采用水泥、空心砖等现代建材,修建长、高三尺六寸、宽二尺四寸的庙宇,以庙前台阶的数量来区分土地庙级别。

3. 土地神融入了汉族城隍土地爷的职能

城隍土地爷是汉族民间守护城池的地方神祇,一般由有功于地方的名臣或英雄来充任。早在雍正十三年(1735 年)"通判何潜率同城内各耆老重修"③凤凰县内的城隍庙,表明当地民众在清朝时对城隍土地爷的信仰已经较为普遍。东部苗族饱受颠沛流离之苦,村寨对民众至关重要。苗寨中的各位土地神除了"管着乡间的一切闲事"外④,还兼具城隍土地爷作为地方守护神的特质,湘西苗族的高坡土地神不

---

① 《永绥厅志》卷六《风俗》,[清]董鸿薰等纂修:(宣统)《永绥厅志》,宣统元年(1909 年)铅印本。
② 费孝通:《乡土中国》,上海:上海人民出版社,2013 年,第 7 页。
③ 《凤凰厅志》卷 14《风俗》[清]潘曙修,凌标纂:[乾隆]《凤凰厅志》,乾隆二十三年(1758)刻本。
④ 费孝通:《乡土中国》,上海:上海人民出版社,2013 年,第 7 页。

仅可以保佑本村寨，连外出的寨民也能得到庇佑。

东部苗族土地神崇拜与民族的发展密切相关，体现出深厚的民族性。历史上，苗族迁徙频繁，生存条件较为恶劣，经济文化长期发展缓慢。明清以来，尤其是清朝乾嘉苗民起义之后，苗疆进入近代重建时期，以傅鼐为首的流官群体在苗疆发起了一场旨在移风易俗的文治教化运动。一方面，东部苗族的传统文化受到抑制，椎牛等大型祭祀活动被严禁，汉族的大量信仰因素融入苗族民间信仰体系。另一方面，东部苗族传统文化顽强的生命力，在外来文化的刺激之下，凸显出了民族信仰特色。东部苗族民间信仰整体上仍停留在原始宗教阶段，属于自然信仰，祭祀仪式缺乏组织性和制度性，没有步入宗教学划分的古典宗教（即神学宗教）阶段，更未发展到现代宗教的程度。其中，土地神崇拜基本保留了形成之初的信仰形态，合寨祭祀土地神仪式由苗族巫师巴代札主持，祭祀过程保留了先民信巫鬼、重淫祀的习俗，具有苗族特色。

东部苗族土地神崇拜根植于武陵山地区的自然环境，表现出浓郁的地域性。东部苗族一直生活在地理环境较为封闭的武陵山区，加之明清时期不断修筑边墙和屯堡，实施汉苗隔离的民族政策，切断了苗疆与外界的正常联系，促使东部苗族区域文化自成体系，较为完好地保留至今。同时，东部苗族内部也因地理环境的差异，形成了区域内不同职能的土地神类型，带有地域烙印。如湘西苗族与黔东苗族土地神数量、职能、庙址等的差异，都反映出东部苗族与武陵自然环境不断适应的过程。

（二）土地神崇拜文化内涵的变迁

人类与自然相互调适的过程是一个动态的、变化的历史过程，"物质生活的生产方式制约着社会的、政治的及一般精神的生活过程"[①]。东部苗族土地神崇拜的文化内涵丰富，随着社会的发展，其文化内涵也发生变迁。以湘西凤凰苗族的高坡土地神崇拜为例进行分析。

---

① 石朝江：《苗族历史上的五次迁徙波》，《贵州民族研究》1995年第1期，第123–124页。

首先，东部苗族至晚战国末期到秦朝初期定居于武陵山区腊尔山台地。初期以游猎为主要生产方式，依靠山岭提供物质资源维持群体生存，收获极不稳定，还经常被频繁出没于深山老林的野兽所伤，只能依赖山神保佑多有所获、出猎平安。高坡土地神以山神文化内涵为主，此时"苗人相信土地神为管野兽之神，祀之可免野兽伤人"[①]。

其次，东部苗族进入刀耕火种阶段，高坡土地神的文化内涵侧重于社神。东部苗族地区山多田少，土地贫瘠，收成的丰歉直接关系到民众生活质量的高低。牛是农耕生产的主要畜力，苗族对其十分爱惜。如遇大灾年份，东部苗族就要合寨杀牛祭祀高坡土地神，以示对土地神的敬重。高坳村此次祭祀将军土地神时，也用牛肉作为祭品，显示出民众对丰收的渴望。

再次，高坡土地神作为寨神的文化内涵日趋明显，与四方统领土地神、公安土地神、"表寨"等共同成为村寨和寨民平安的守护神。一方面，历史上，东部苗族"如地方人畜瘟疫流行，及蝗虫灾患发生，集众公议，杀猪祭之，求保平安"[②]。若遇外敌来犯或村寨间发生械斗，全寨前往高坡土地庙前，吹响牛角、树立旗帜、喝血酒，鼓舞士气，彰显了东部苗族尚武、团结的精神气质。现今，合寨祭祀土地神活动体现出寨神对民众的感召力，凡是出资、出力一同祭拜高坡土地神的寨民，都是兄弟姐妹，遇到婚丧嫁娶要前去帮忙，发生灾害也要一同承担，这就增强了本寨本族的认同度和凝聚力。对同一高坡土地神的共同信仰，逐渐成为东部苗族出门在外重要的人脉资源。另一方面，东部苗族经历了明清两朝的军事冲突、民国时期的土匪横行，社会治安较差；民族内部又盛行伏草、解纷、打冤家等习俗，寨民"经常会遇到拦路打劫的坏人"，于是就相信将军土地会保佑外出时平安无事。现在东部苗族民众大都选择外出打工，高坡土地神庇佑寨民外出平安的职能倍受重视，子女如果在外从事较为危险的职业，如高坳村有位寨民在湖南娄底煤矿挖煤，其父母每年都会专程前往高坡土地庙前虔诚祭拜将军土地神。

此外，现代人对物质的追求也凸显了高坡土地神保佑发财的文化内涵，如黄毛

---

① 凌纯声，芮逸夫：《湘西苗族调查报告》，北京：民族出版社，2003年，第113页。
② 石启贵：《湘西苗族实地调查报告》（增订本），长沙：湖南人民出版社，2002年，第435页。

坪的高坡土地神为"更疆"两兄弟，兄长在前山保平安，弟弟在后山保发财。寨民在祭拜前山土地神之后，大都会专程前往后山焚香烧纸。

（三）土地神崇拜折射出民间信仰的衰微趋势

20世纪80年代以来，民间信仰整体上呈现出复兴的趋势，但较之于"财尽于鬼神，产医于祭祀"的苗族传统社会，东部苗族民间信仰日趋式微。这主要表现在信仰仪式数量减少、程序简化，仪式主持者缺失和民众信仰虔诚度下降等方面。

信仰仪式数量减少主要指近年来村寨集体祭祀活动较少，如2015年二月初二，湘西凤凰一带只有高坳村进行了合寨祭祀高坡土地神的活动。仪式数量的减少导致巫师大量外出，高坳村举办祭祀土地神仪式提前与在外打工的巴代札约好日期，否则得请外寨巫师前来主持。调查中发现信仰仪式程序也逐渐简化，黄毛坪一位小卖部老板娘，因没有时间上山祭拜高坡土地神，就在自家门前将豆腐和刀头肉分别装在碗里，点香烧纸来敬神，表示"心意到了就行"。目前，东部苗族合寨祭祀土地神活动基本上不会按照传统习俗来"大搞"。

信仰仪式主持者生存境遇不容乐观。东部苗族民间信仰仪式的主持者以巴代为主，巴代分为巴代雄和巴代札两支。巴代雄因其保存了较多的苗族原生态信仰因素，仪式又以家庭为主，规模较小，花费较少，更贴近民众日常生活，生存境遇较巴代札要好。而巴代札汉化程度较高，部分民众甚至认为他们是"汉族师傅"，内心较为疏离；其主持的求雨、还傩愿、祭祀土地神等仪式，都是集体性活动，耗资较多，近年来举办得较少；随着苗族地区医疗条件的改善，较为小型的追魂、看病等仪式也鲜有进行。巴代札的生计陷入困境，不得不外出谋生。如高坳村的巴代札也因在家务农、做法事已经难以维持家庭各项开支，只得到江浙一带打工。现在凤凰境内巴代札屈指可数，群体的传承状况整体上呈现出青黄不接、后继乏人的局面。

民众对民间信仰的虔诚度也在逐渐下降，大都出于"敬拜这些神只有好处没有坏处"的心理才祭拜。高坳寨民大都相信土地神，但认为"如今人们的土地神信仰已没有以前那么流行，尤其是年轻人对这都不大相信，觉得祭祀土地神算是'小封建'。随着苗族传统风俗的淡化，50岁以下的寨民平时在家大都不会敬神。

上山祭祀土地神的寨民大都出于图吉利、村寨集体活动、增进乡民感情等因素的考量。祭祀过程中，妇女和少量年长的男子都围坐在土地庙周围闲谈聊天，小孩子们则在周围玩耍嬉闹。只有在最后向将军土地神询问自家一年运势时，寨民才会毕恭毕敬。

然而，不得不指出的是湘西苗疆合鼓建社是合寨公祀的盛大祭祖仪式，是地区性的大祭，由苗巫主持，亲邻戚党都要盛装出席，共同纪念民族始祖傩公傩母，以期人丁兴旺、诸事顺遂。以纯白健壮的牯牛为主要祭品，必须请当地德高望重的尊者长者亲自持枪刺杀，以牛倒地方向判断吉凶。祭祖仪式结束，用牛皮蒙鼓，参祭者载歌载舞欢庆，进入跳鼓藏、放野等以娱乐、觅偶为目的的环节。整个活动，通过庄严的祭祀始祖仪式使生活在共同地域内部的民众了解民族的历史，增强认同感和归属感，加强了区域内部团结。与合寨祭祀土地神相同，凡是参加祭祀的人员，不论是否具有血缘关系，都视为兄弟姐妹，日常生活生产中互帮互助。作为湖南传统村落记忆不可或缺的一部分，这体现了湖湘文化的独特性，是具有十分重要作用的非物质文化遗产。

第三节　湖南少数民族传统村落的"巴代"记忆

"巴代"是湖南少数民族传统记忆的重要一环，尤其以湘西土家族苗族自治州凤凰县东部镇的黄毛坪村、早岗村、老家寨村、凉灯村、麻冲乡竹山村为代表的具有苗族东部方言区特点的湘西苗族传统村落。这是因为湖南传统村落有别于东部地区传统村落的地方就是在于少数民族占大多数，他们拥有属于其自己的独立信仰系统，而巴代就是其核心内容之一，于是传统村落的基层社会职能显然并不是完全按照汉族的一套系统运行的，尤其是这些苗族村落的民间信仰历史悠久，不断受到周边民族的影响，尤其是儒、释、道三教等宗教因素，呈现出兼容并蓄的特征。其内部分为巴代札和巴代雄两支，各支在区域内分工明确、各司其职，共同满足苗族民众的民间信仰需求和基层社会职能的运行。

湘西土家族苗族自治州凤凰县东部镇的黄毛坪村、早岗村、老家寨村、凉灯村、麻冲乡竹山村位于苗族东部方言区，自称为"果雄"（qoeiuy），由于其"衣带尚红"，至晚在清代就被著以"红苗"称谓。据《辨苗纪略》和《苗防备览·苗疆全图》记载，"红苗"的活动范围大致在今湘西腊尔山台地一带①。东部苗族内部具有沟通神人法力的巫师有阴阳先生、仙娘、巴代三类。前两者负责查算所需仪式的种类及举办的日期，巴代则主持法事活动。他们基本上职责明确，都是不脱产的民间信仰从业者，与信仰对象和祭拜行为共同构成东部苗族民间信仰体系。

"巴代"是苗族特有的古代原始名词，专门用来称呼各种仪式的主持者，意为"主流文化的传承者"，即主持祭祀神灵的人。巴代是湘西东部苗族神圣世界与世俗世界的连接纽带，是民族传统文化的传承者，更是区域内部德高望重的人，替乡民"除难解忧愁、化凶为吉"，深受乡民敬重。因此，乡民认为巴代具有"一种特殊的魅力或超人的天赋之类的特殊品质"②，即感召力、领袖气质，于是巴代成为现代政治体制建立之前，传统东部苗族具备"卡里斯玛"（Charisma）品质的乡土精英。巴代是苗族民间信仰仪式的主持者和文化的传承者，在苗族社会中发挥着文化功能③，其具有多样性、古老性、神秘性、神圣性、实用性、艺术性、脆弱性等特点。东部苗族巴代在苗族与外界交流融合的过程中，内部逐渐分化为地方小传统的守护

---

① 注：《辨苗纪略》中记载红苗位于"楚、蜀、黔三省之隅……北至永顺、保靖土司，南至麻阳县界，东至辰州府界，西至四川平茶、平头、酉阳土司，东南至五寨司，西南至贵州铜仁府，经三百里，纬百二十里，周千二百里，隔越汉境，不得与靖州相接壤"。详见湖南省少数民族古籍办公室：《辨苗纪略》，《湖南地方志少数民族史料》，长沙：岳麓书社，1991年，第5页；《苗防备览·苗疆全图》中记载西南苗疆范围为"沅江以西，西江以南，辰江以北，及湘、黔交界以东"，详见凌纯声，芮逸夫：《湘西苗族调查报告》，北京：民族出版社，2003年，第29页。
② [美]克利福德·格尔茨，韩莉译，《文化的解释》，南京：译林出版社，1999年，第6页。
③ 石寿贵：《巴代文化及其功用》，《湖南社会主义学院学报》2011年第1期。

者——巴代雄①和国家大传统的融摄者——巴代札②两支。二者都发源于苗族原始宗教信仰，在师承方面有着很大的相似性，但在做法事时用到的法器、衣着、神坛以及所做的法事活动等方面截然不同③，分别体现出明显的地方传统和国家文化的差异。

---

① 注：巴代雄是湘西苗民对祭师的一种称呼，意为苗巫师。念诵教义、巫词，几乎全部使用苗语，主持的祭祀有椎牛、吃猪肉、祭雷神、接龙、招魂、吃血、丧葬等。主要道具有冠帽、教袍、竹柝(乐器)、阴阳暗竹筶、五色布巾、大摇铃、大钹、小钹、大鼓、中鼓、小鼓、包包锣等。他们在苗族社会中享有崇高的地位，所从事的宗教文化活动，纯属苗族原生态宗教文化，全部由男性传承。在现代国家体制建立后，利用保留至今的民族传统宗教信仰文化，重新争取东部苗族地方政治权力场域中的话语权。详见马本立主编：《湘西文化大辞典》，长沙：岳麓书社，2007年，第276页。

② 注：巴代札是湘西苗族对宗教祭师的一种称呼，意为客巫师。由于历史的原因，汉语(客语)渗透到苗族社会的各个方面，苗民逐步使用汉语。所以在苗族的某些宗教活动中，念诵教义、咒语等基本上已用汉语，并有用汉字译成的手抄本流传，这类巫师称为巴代札。由巴代札主持的祭祀有还傩愿、跳香、谢土、架天桥、祭四官神、祭财神、祭灶神等。其主要道具有冠帽、教袍、牛角号、伏羲女娲神偶、面具、竹筶、小鼓、小锣、中小钹、师刀、绺巾等。巴代札在苗族社会中享有较高的地位，全部由男性传承。所从事的宗教活动是巴代雄(苗巫师)宗教活动的一个补充，基本上仍属苗族原生态宗教，但接受了道教、佛教的某些影响。田野调查发现的祖师传说、法器、符箓、咒语等极大地受到了道教的影响。巴代札主持的主要仪式，如还傩愿、求雨和祭祀土地，带有浓厚的官方色彩和国家主流意识形态。祈福还愿是各地民间信仰的主要内容之一。东部苗族祈求的傩神、龙王和土地公在国家权力长期、直接统治的地区更为普遍，但这些地区一般是由官府出面主持祭祀社神仪式，与东部苗族巴代札主持的祭祀土地公公仪式的内涵基本相同。巴代札较之于巴代雄较早开始角色的转变，通过融入国家主流文化因素，协调中央与民众在民间信仰方面的关系，从而实现了其在地方性政治权力场域中地位的提升。详见马本立主编：《湘西文化大辞典》，长沙：岳麓书社，2007年，第275-276页。

③ 霍晓丽：《苗族民间宗教信仰与和谐社区建构关系研究——以湘西山江苗族为例》，湖北民族学院2014年硕士学位论文，第21-26页。

第七章
湖南传统村落记忆传承展望

第七章 湖南传统村落记忆传承展望

传统村落是指拥有物质形态和非物质形态文化遗产,具有较高的历史、文化、科学、艺术、社会、经济价值的村落,同时是活态的村落[①]。湖南传统村落记忆是湖南地区的人们在长期社会活动中,为了适应生产与生活的需要而创造并形成的、具有较强的历史传承性,其中还蕴含着湖南人对生活美好追求,具有强大的社会生命力。随着改革开放的深入,湖南传统村落越加呈现开放性发展,既保留着湖南传统的风格,同时也受到其他区域乃至国外的文化的影响,极大丰富了湖南人的传统生活。湖南传统村落未来的保护和发展,应当按照习近平总书记有关"绿水青山"和"金山银山"的重要讲话指示,使物质文明和精神文明和谐组合,通过对传统村落的生态文明建设,融入传统的"天人合一"思想,实现物质、精神、制度文化的共同繁荣。

第一节 湖南历史文化与湖南传统村落记忆

一、湖南历史文化是湖南传统村落记忆的历史载体

湖南历史文化非常深厚,是湖南社会凝聚力和创造力的重要源泉,是地区综合实力竞争的重要因素,湖南传统村落记忆正是根植于湖南历史之上而产生、传承的。湖南传统村落是湖南人生存的物质载体,更是民生头等大事,因而对湖南传统村落记忆的深度考究即是对湖南历史文明的发掘与探索。湖南传统村落是湖湘文化的发源始点和历史见证,古村落的遗址遗物,如岳阳市岳阳县张谷英镇张谷英村、湘西土家族苗族自治州龙山县苗儿滩镇六合村,无不展现着其独有的风貌。

据考古发现,以稻米为主的"饭稻鱼耕"的农耕文化以及具有少数民族风情的地方文化与民风民俗深深影响着湖南的传统文化,稻米、糯米、鱼、猪肉一直延续

[①] 冯骥才:《传统村落的困境与出路——兼谈传统村落是另一类文化遗产》,《民间文化论坛》2013 年第 2 期。

至今。历史上几次大规模北人南迁以及东人西进，促进了北方与南方、东部与西部之间的文化交流。以饮食文化为例，北方的面食饮食习惯传入湖南地区，虽然没有占据主导地位，却也丰富了湖南地区的饮食生活。湖南传统村落的饮食文化在文化交流的过程中，不断充实与完善自身，共同形成了湖南饮食文化特色，同时增加和丰富了湖南传统文化内涵。

所以，每个传统村落都体现着当地的传统文化、民族文化、建筑艺术和空间布局，真实反映着湖南传统村落与周边自然环境的和谐共处态势，保护湖南地域文化的多样性。任何一种文化共同体都需要赖以维系的共同精神纽带，这样才能形成具有精神基础的文化凝聚力，凸显湖南传统村落的历史悠久、文化资源丰富、文化积淀深厚的特色，强调具有共同历史、价值、习俗、方言的传统，深化作为血缘和地缘文化为联结和凝聚纽带的村落共同体特色文化。构建在如此历史载体基础上的物质文化遗产与非物质文化遗产，才能更为合理有效地进行，并且能进一步加强和规范传统文化村镇保护管理机制。这样不仅能恢复和保存湖南传统文化，还能让当下村落中的年轻人具有文化认同，并形成文化凝聚力，引起心理共鸣，使他们这些在新时代成长起来的青少年切身感受到自己生活的传统村落的文化魅力，激发和强化传统村落文化的情感共鸣和价值认同，形成新时代的文化凝聚力。同时，能更好地展现湖南历史文化的记忆，反映湖南历史文明的进步，承载着具有湖南特色的中华传统文化精髓，是湖南人留给中国乃至全人类的宝贵遗产，具有十分重大的价值意义。

二、湖南历史文化是湖南传统村落记忆的精神资源

湖南传统村落的文化精神是湖南社会的精神资源，是湖南传统村落文化区别于其他地区的重要特征，尤其少数民族传统村落文化具有的独特气质是用之不竭的智慧源泉。

首先，湖南传统村落文化体现了中国传统文化的延续，比如很多村落都十分注重儒家思想的"敬德""诚信""孝悌""知勇""义耻"的道德教化，许多村落都流传着十分美丽动人的孝悌故事。

其次，文化精神多样性的体现。湖南传统村落既有汉族，又有众多少数民族，且少数民族的比例较高，存在着不同地域和不同文化的交织。湖南传统村落的历史文化具有厚重感和神秘感的特点。所以，在保护和发展湖南传统村落的过程中，最基本的要求就是尊重各个民族、各个地域之间的文化差异。了解湖南传统村落文化的多样性，从而满足不同文化的需求。比如，湘西地区是土家族、苗族、侗族等少数民族交织生活的区域，就要尊重各个民族的传统习俗，兼容并蓄，在细微之处做到和谐共存，这样才能更好保护当地的特色文化。湖南传统村落文化通过艺术表现出了独有的文化审美。诸如强调人与自然和谐共生的理念，比如"万物有灵论"包括信奉灵魂和未来的生活、信奉主管神和附属神。这些信仰在实践中转化为某种实际崇拜，这些信仰和崇拜构成了湖南人的哲学和文明基础。

最后，湖南传统村落记忆的研究，有利于发掘农业传统文化的当代价值，是民众对生活环境的表达和对精神世界的实践。在现代社会，民间农业文化是是地方性知识的重新演绎，其中蕴含道德约束力、民族凝聚力、精神净化力、地方认同感等积极因素。尤其对于湘西地区来说，更有益于各民族间的团结与发展，有助于地方社会的和谐与稳定。这对当前湘西、黔东少数民族聚居区干群关系处理、基层行政运作、精神文化建设等都具有现实意义。

三、湖南历史文化是湖南传统村落记忆的文化资源

湖南传统村落文化资源是湖南文化产业的重要组成部分，其拉动经济增长、促进社会发展以及推动文化保护和传承的积极作用是全社会的共识。党的十八大报告明确提出要使"文化产业成为国民经济支柱性产业"，文化产业已经上升为"国家战略性产业"，传统村落文化产业的发展对民族地区社会、经济、文化、生态发展具有战略意义。湖南作为少数民族聚居地，其传统村落文化具有少数民族的特色，是民族文化产业较为丰富的省份。然而，从整体上来看，其发展相对滞后，仍以民族旅游为主。虽然民族文化资源独特、自然环境原生态等因素都为少数民族村落文化产业提供了广阔的发展前景。但是将民族文化资源转化为文化产品投入旅游文化产业中，仍需一定的时间才能实现。

另外，传统村落的社会经济发展较为缓慢，但是同时又蕴含着丰富且深厚的农村文化资源和良好的自然生态环境，这是地方发展农村文化旅游产业的资源优势。湖南传统村落最为典型的就是少数民族节庆民俗活动，尤其是湘西地区，从春节开始一直到冬至都有丰富多彩的民俗活动，有一些如祭祀天神、祭祀火神、祭祀山神等皆是湖南地区独有的少数民族民俗活动，这就是属于湖南地区原汁原味的民俗文化活动。湖南传统村落民俗由来已久，而又充分散布在湖南各个地区，内涵十分丰富。这些都是湖南传统村落记忆的文化资源优势，势必可以借助这一文化资源，大力加强这方面的非物质文化遗产的保护。将少数民族的民间农业信仰文化因子应用到自然景观开发、文艺节目表演、旅游产品制造，可彰显地方文化特色，打造旅游文化品牌。这样既能保护和传承传统农业文化，又能为旅游活动增添文化元素，提升旅游产业的文化品位，更可以推动当地社会经济发展，促使民众认识到传统农业文化的当代价值，唤醒民众对本民族文化的自觉和自信，营造传承和保护农业文化遗产的文化空间。

总之，湖南传统村落记忆不仅要根植于湖南，还要走出湖南，以湖南历史文化为基础，运用现代技术和文化宣传手段，向全国乃至全世界宣传湖南传统村落的魅力，打造湖南的文化形象，提升湖南文化软实力。

第二节　湖南传统村落记忆的人文内核

一、湖南传统村落建设要重视人文精神

首先，重视人文精神就是必须尊重"人是目的"的常识。湖南很多少数民族传统村落在发展过程中一味要求保护村落的原样，却忽视村民对于美好生活品质的诉求，这是非常不可取的。所以，必须做到以人为本，发展不仅是对外展示，更要注重生活在其中的人，满足他们的需求，从而提升村民对村落保护的主观能动性。只有满足村民自身生存和发展的需要，才能更为有效的实现传统村落的保护，才能继

续保有生态、环保、悠闲、和谐、传统、静谧、温情的传统村落。

其次，重视人文精神就是强化湖南传统村落的文化特色。在保护和发展的过程中，应当准确定位其功能，引导村落的规划建设，做到人文、生活、生态三者和谐统一，并推动文化传承和城乡统筹，实现文化、旅游、生态、社区功能的叠加。与此同时，让政府在其中起到服务作用，并给予传统村落发展的空间和时间，保障和解决传统村落发展过程的问题，加强基础设施和公共配套的投入。

最后，重视人文精神最根本的就是改善民生。改善民生是湖南传统村落保护和发展的最终目标。湖南传统村落的保护和发展不仅是促进农村地区的经济发展，还承担着保护传统文化的重任，并且以此为基础，寻找经济持续增长的新动力，是事关民生福祉、惠及子孙后代的重大工程。所以，必须妥善保护传统建筑，引入现代科技完善原有村落的服务设施，依靠生态和文化优势，形成新时期村落聚落效应，并且进一步完善新型农村医疗保障制度和户籍改革制度，为村民提供优质的公共服务，有利于促进城乡一体化，使村民也能享受改革开放的成果。

二、开发和维修过程中需要体现出人文关怀

（一）重视人文关怀就是要注重人与自然的和谐统一

体现出人与自然、人与社会、人与精神和谐共处的属性。传统村落只是在漫长的历史岁月洗礼中，逐渐失去了原有的色彩，并且在与当下日新月异发展中显得不合时宜。所以，在保护性开发和维修过程中必须尊重当地村民的传统，尤其在少数民族村落，做到实用、耐用、安全、便利与传统审美兼顾。

（二）重视人文关怀就是要处理好发展过程中的私人空间和公共空间的关系

湖南传统村落作为个体来说，都形成了属于自己独一无二的生态圈和风景区（图7-1，图7-2）。所以每个传统村落都要利用自身资源，着力打造适合自己的发展道路。然而，在这一过程中，经常会出现村民的日常生活被过度侵犯的现象。尤其是少数民族村落，如果一旦出现这样的情况，不仅是被打扰的困惑，甚至还会出

图7-1 洗车河全景（吴昊）

图7-2 洗车河两岸（吴昊）

现族群矛盾。所以，在保护和开发的过程中要将生产、生活、生态三者结合起来，实现三者和谐共存的态势，将湖南传统村落独特的自然风光之美、错落的空间结构之美、多元的民族融合之美和多彩的历史人文之美融合起来。

（三）重视人文关怀就是要保护整体生态环境的平衡

要尊重传统村落域内既有村落格局，尊重村落与自然环境及农业生产之间的依存关系，防止传统村落建设过程中出现城市化的倾向。其实这种倾向在湖南很多交通较为发达的村落已经出现，如湘西龙山县洗车河镇洗车河村，坐落于洗车河两岸，几年前两岸还是传统的土家吊脚楼（图7-3）与土家吊桥形成非常传统美丽的景色，2018年两岸基本都已建成了水泥瓦房，只剩下几座被废弃的吊脚楼（图7-4），已经失去原有土家居住地的风貌，可能再过不久，在洗车河两岸再也看不到美丽古朴的土家吊脚楼了。所以，在湖南传统村落发展过程中，应当体现当地少数民族历史文化和民俗文化以及乡村风貌，防止简单套用城市规划手法，要编制村落风光及其特色风貌的保护规划，明确各个传统村落的独有历史文化和特色风貌，山、田、水、林要紧密结合。

图7-3　土家族传统吊脚楼（吴昊）　　　图7-4　洗车河废弃旧屋的屋檐（吴昊）

三、区域人文历史传统和时代精神的融汇

自然和谐是湖南传统村落的主要特色，在此基础上要突出区域特色，因为区域文化特色是不可复制和不可替代的。要继续保持原有村落"上善若水、道法自然"的建设理念，顺天、顺势而为，尊重历史和传统文化，注重保护和传承独有的特色。比如湘西传统建筑文化博大精深，自成体系，很多房屋都是利用水文地形，或临河而筑，或依山而建，或依地势布局，朴素自然，变化多样（图7-5）。所以务必要凸显村落建筑文化的主体意识，弘扬区域优秀的传统文化特色，力图体现"一村落一特色"的目标。另外，我们强调尊重传统，但是并非因循守旧、固步自封，需要与时俱进，赋予其先进文化内涵，将现代科技文化和时代精神融入村落建设当中，使之成为能经得起岁月磨砺的新传统村落。

湖南传统村落应当体现农耕文化与现代文化的有机结合，要以习近平总书记提

图 7-5 竹山村建筑（吴昊）

出的"看得见山,望得见水,记得住乡愁"的原则来传承传统的农耕文化,使之成为与都市现代文化截然不同的文化体系,体现农耕文化小而慢的特色,从而依托并充分挖掘诸如具有少数民族传统农耕历史文化底蕴的村落,建立农俗文化展示中心、生态观光果园、生态体验农场、少数民族生活体验等,打造旅游、休闲、居住三位一体,同时又具有传统村落乡土文化和少数民族文化特点的村落,将农耕文化和现代文化有机融合。

文化自信是一个国家、一个民族、一个政党对自身文化价值的充分肯定,对自身文化生命力的坚定信念[①]。民族地区的传统村落文化产业发展却较为滞后,始终未能将民族文化资源转化为文化资本,文化价值创造经济价值的经营性开发较为落后,这种情况在湖南传统村落表现得最为明显。所以,在立足民族文化资源的基础上,要融汇当下文化产业发展的时代需求,培育和发展民族旅游文化产业,实现民族地区的跨越式发展。只有建立在其自身文化自信基础之上的历史文化传统,才是民族旅游文化产业可持续发展的更高层次精神观照。这不仅要求本民族成员对自己民族文化资源的认同,更体现在对民族文化资源开发的追求和信心上,唯有坚定信心,才能在开发民族文化资源的过程中从容应对面临的问题,激发民族文化资源创新创造的活力,才能更为有效地保护和传承湖南传统村落的区域人文历史传统。

四、以创新的理念推进传统村落文化建设

要用创新的理念推进传统村落的文化建设,努力创造其独有的文化品牌。当下湖南传统村落的大文化品牌主要还是着眼于少数民族特色上,所以要利用这一天然优势,通过文化元素的渗透,辅以先进的科技手段,提升传统文化审美以及当地农业附加值,实现在挖掘湖南本土特色文化资源基础上,加强原创文化产品的创意制作、设计策划。尤其针对当代人的精神、情感、审美和物质需求,拓宽内容题材、表达创新。如在凤凰县山江镇老家寨村(图7-6至图7-12),很多村民都会传统

[①] 云杉:《文化自觉、文化自信、文化自强——对繁荣发展中国特色社会主义文化的思考(中)》,《红旗文稿》2012年第16期,第4-8页。

的苗绣，绣工十分精巧，但是制作出来的无非都是手机壳、鞋垫等物件。虽然这些商品有苗族特色，可是其样式让很多人存在着"买之无用、弃之可惜"的状态。

图 7-6　村口的小树林（吴昊）

图 7-7　老家寨门（吴昊）

图 7-8　民居门口（吴昊）

图 7-9　火坑
（吴昊）

图 7-10　灶台，从外到里依次作用是炒菜、煮饭、春节使用炒菜煮饭、煮猪食（吴昊）

图 7-11　老家寨苗人的碗橱（吴昊）

图 7-12　织布机（吴昊）

第七章｜湖南传统村落记忆传承展望

　　科技创新是推动湖南传统村落建设创新发展的不竭动力。传统不代表落后，传统不代表封闭，传统应当是在原有基础上的再创新。现代科学技术的引进是为了更好的发展和保护传统，是传统村落进一步发展的原动力。如相关土家布技艺的保存、制银技术的传承（图7-13），都需要科技的支撑来展示其新的活力。另外，只有科技创新才能进一步吸引人才或留住人才，才能解决现在传统村落越来越严重的"空心化"问题，从而为传统村落发展留住人。

　　良好的生态环境和丰厚的人文环境是推动湖南传统村落创新发展的生态基础和精神支柱，是实现生态、生活、生产相互融合的基点。从物质层面来说，良好的生态环境是湖南传统村落创新驱动发展的必要物质条件；从精神层面来说，充满人文关怀和历史文化底蕴的人文环境是湖南传统村落创新驱动发展的重要精神支柱。湖

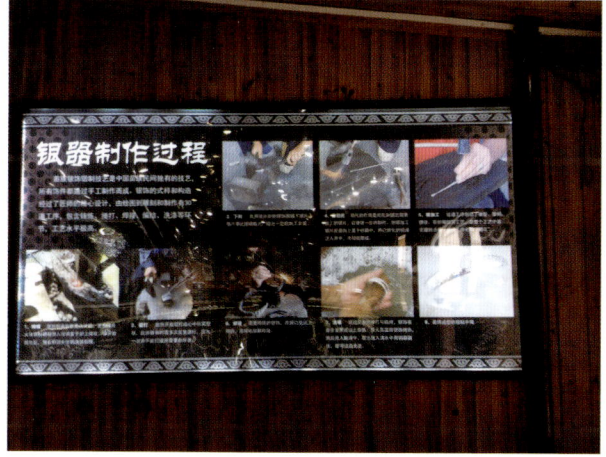

图7-13　早岗村饰品与银器加工照片（吴昊）

南传统村落利用自身独有的自然环境优势，注重少数民族特色，保护和延伸颇具特色的历史文化，是传统村落开发与保护的重要一步。就自然环境而言，湖南具有得天独厚的资源禀赋，全省群山环绕，武陵山、雪峰山穿省而过，森林覆盖率居全国第一，为传统村落保护提供了天然的自然空间和生态支撑。从历史文化角度来说，湖南早在5 000年前就有相关文化传说，加之以苗族、土家族、侗族、瑶族为主的少数民族文化，这些历史遗产为湖南传统村落的建设和发展提供了良好的物质载体和精神文化空间。

以市场运作为主导是湖南传统村落建设创新驱动模式的重要载体。湖南传统村落的保护和发展在发挥政府主导、企业主体的作用的同时，必须充分发挥市场资源配置功能，并且有效深入挖掘当地传统文化。这样才能优化整体结构，避免过度重复建设和破坏传统产生的资源浪费。同时，要做到以政府服务为保障，主要通过法律、行政和经济手段有效地引导传统村落健康发展，为其发展和保护提供良好的环境。从而将传统村落的文化资源转变为文化资本，实现文化的经济价值，使文化性因素与经济性因素融为一体。

文化创新不是全盘否定传统，而是寻找传统与现代的契合点，保持传统文化特色的同时，使其更具时代感。

第三节　对湖南传统村落保护与开发的建议

一、湖南传统村落保护和发展中存在的问题

第一，对当地旅游价值的理解和实际开发过程的要求有着明显差距。如，湘西传统村落主打的就是少数民族特色（图7-14），通过展示少数民族的生活、风俗、饮食习惯等来表达少数民族的历史文化内涵，但是在很多村落里体现出来的符号、信息都存在着模糊不清的现象。

第二，湖南传统村落在旅游开发上，整体的包装、推广、呈现和交通配套都存

在着一些问题。如很多传统村落可进入性较差，且村落中的道路命名和指引、历史文化的叙述都存在着不同程度的问题。

图7-14　土家族传统音乐与舞蹈（吴昊）

第三，历史文化内涵挖掘不到位。一般而言，湖南传统村落历史文化内涵是十分丰富的，且非常多样化。然而，在村落开发过程中对历史文化资源的挖掘出现同质化现象，共性表达比较凸出，如说在凤凰县山江镇的老家寨村、早岗村就有这样的现象。湖南传统村落文化在相当长的时间里，一直停留在寻找上，对于历史文化内涵的保护和继承都做得非常不到位。湖南作为中南地区十分重要的省份，其传统村落文化资源在一定程度上来说是十分丰富的，但是由于开发的深度不够，造成传统村落历史文化资源的单一和内涵缺失等一系列问题。

第四，湖南少数民族传统村落在历史上长期处于封闭状态。由于地理生态条件的限制，各个村寨都是依地势聚居而建，在以往交通极为不便的情况下，村寨间相距较远。即使属于同一"鼓"、同一"路"或者有着共同的祖先和族源传说，村寨之间乡民的相互认同度仍然较低，村寨内部的整合程度较高，整个村落的凝聚力远不及现在。这种现象在现今遗留在各个村寨的土地公公和山神信仰方面得以体现。随着与外界交流的日趋频繁，湖南少数民族传统村落相对封闭的观念已经逐渐得到改观，但部分乡民仍不能以完全开放的心态接受外来事物。这种相对封闭的观念会导致民众对外来人员和事物的排斥、抵制，不能使传统村落更快、更好地融入现代化进程中，不利于村落的持续发展。

二、找准特色、彰显特色，挖掘独特性

湖南传统村落在建设过程中，应当找准特色、彰显特色，对每个传统村落的发展定位要突出其独特性，并在其最大的区域空间中挖掘其个性生命力，防止出现众多传统村落同质化，明确其村落的文化定位、文化内涵、文化特色，将生产、生活、生态有机融合，形成每个传统村落独有的地域特色文化标识。如老家寨村的刺果、洗车河村的霉豆腐、早岗村的酿酒和制银技术，这些都是需要重点挖掘的文化品牌特色，需要进行大力保护和传承。

梳理湖南传统村落文化资源的地域性，针对不同区域的差异入手，提出针对湖南不同地区村落文化资源的挖掘计划，形成具有湖南特色的村落文化，同时又要找到这些地区村落文化的共性，促进不同区域传统村落文化资源的融合，从而支撑起整体的湖南传统文化，这样就能以最优原则挖掘湖南传统村落文化资源。湖南传统村落的历史文化创造了独有的村落旅游品牌资源，诸如村落名称、村落格局、村落建筑、村落品牌等，以及由此产生的每一个不同村落所产生的象征意涵，这些象征意涵具有十分丰富的历史底蕴和涵义。

每个湖南传统村落都有着独有的饮食文化，这些饮食文化是兼具展示村民传统生活的活化石作用，具有延续湖南特色文化历史特点。所以，湖南传统村落饮食文化具有十分重要的保护价值。举例而言，诸如洪江血粑鸭、靖州蜜饯、苗家糯米饭、麻阳无籽西瓜、苦瓜炒腊肉、酸辣红烧羊肉、十八怪腊肉、辰溪红萝卜、溆浦黑木耳、宝田茶叶、炒蕨菜、沅陵酥糖等都具有湖南特色，而且这些特色饮食文化又引申出来饮食表演艺术、饮食的歌谣与谚语、饮食礼仪、饮食节庆以及传统的饮食手工技艺。湖南传统村落的饮食非物质文化资源方面有着丰厚的积累，饮食非物质文化中的饮食文学、饮食神话、饮食诗词、饮食民歌、饮食谚语、饮食民俗、饮食礼仪、饮食祭典等都是祖先留给现今湖南的历史瑰宝。湖南的历史源远流长，其生产、节庆、婚丧习俗都与饮食息息相关，具有十分明显的湖南地方特色，尤其少数民族的饮食特色更加显著，大有潜力可挖。饮食是人类生存的基础要求，所以在一定程度上来说，饮食对于人们具有难以言传的意义和不可估量的价值，且其蕴含的精神文化是湖南传统文化最直接的体现，是原生态的地方

思维方式，是湖南传统村落记忆发展的强大推动力。

三、大力发展具有鲜明地方特色的旅游产业

湖南传统村落具有非常鲜明的地方特色，尤其少数民族的特性尤为突出，那么湖南传统村落与旅游开发之间的关系又如何呢？

第一，民俗节庆旅游已经成为非物质文化遗产旅游的重要一环，是以具有鲜明民俗活动作为旅游增长点，而开发出来的旅游产品，是以少数民族特色、民俗为代表的区域特色旅游，这种旅游方式在一定程度上具有历史传承性，避免了历史的穿越或是随意性创造，是结合当地自然、人文、历史、文化等特点的内涵丰富、主题鲜明、活动多样、可参与性强的旅游产品。

第二，湖南传统村落文化可以借助自身湖南旅游市场的号召力，除宣传商业文化之外，充分强调湖南地区独有的农耕文明。中国地大物博，各个区域之间的生活习惯不同，即便在湖南省内，各个地区、各个村落之间在一定程度上还存在着诸多不同，毕竟民俗习惯不是短时间内能够改变的。如湖南少数民族民俗祭祀活动的独特性，在其他地区就很少能看见，完全可以作为一个宣传主体吸引旅游者来参观，进一步提升湖南传统文化的软实力。

第三，湖南传统村落特色民俗具有申请非物质文化遗产的潜力。如山江苗族巴代雄在祭雨过程中的祭品准备、使用、摆放以及具有明显特色祭祀过程，比如要把纸钱都摆放在桌子和地上祭品的周围。这些具有湖南特色的民俗皆可以积极申请非物质文化遗产。

第四，湖南传统村落因具有少数民族的特点而被人广泛知晓，所以可以大力推动具有民族特色的传统村落，兴建具有博物馆性质的村落文化展览馆。因为村落本身就具有它独有的历史传承和故事，是承载着湖南传统村落历史文化的重要载体，也是体现各个村落特色的重要标志，如果能将这二者巧妙地结合起来，将产生不错的效果。这样不仅将湖南传统村落的文化底蕴凸显出来，也从一个侧面加深了湖南的历史文化，推动旅游过程中文化传播的作用。

在开发湖南传统村落的过程中，湖南的少数民族风情能够吸引众多的潜在消费

群体，可以产生一笔巨大的旅游收入，尤其是一批已经深深烙上少数民族印记的传统村落，吸引着全世界的人们来一探究竟。如此具有地方特色的旅游产业就是以延续湖南历史文化脉络、传承湖南非物质文化遗产的精髓为目标，让传统与现代、历史与时尚、自然与人文在湖南传统村落中完美对接、和谐同村、更新延续，从而生生不息，让人们能回归自然、回归田园生活、回归传统民族习俗，使之成为传统村落的常景常态，提升了旅游产业的深度与广度。

四、大力扶持传统村落中的老字号

就目前湖南老字号状况而言，尤其是涉及传统村落的老字号情形十分令人担忧，非得用"抢救"来强调不可。不可否认，有些老字号利用其自身特色发展得非常好，但是究其原因是政府的大力扶持极大地促进了老字号的传承与发展。但是，涉及湖南传统村落的老字号存在着分布广，但却非常分散的现象，大部分都是以个体经营的形式出现，这些老字号代表着湖南的农耕文化、少数民族文化。因为其经营保护的脆弱性更加需要政府加大力度予以保护，如何可将老字号与农村旅游景点或是农家乐结合起来，既可以使游客了解并体会湖南的农耕风俗文化，又可以给这些老字号带来切实的效益。因此，政府应结合旅游促销活动，加大对老字号的宣传力度，让老字号深厚的文化底蕴得以家喻户晓，将湖南丰富的村落文化资源与农家休闲、农家消费等活动巧妙而紧密地结合起来，无论是对老字号的振兴，还是对旅游业的发展，都会起到事半功倍的效果。

现今市场环境发生了重大变化，市场已经供大于求，竞争日益激烈。在此情况下，企业要实现与消费者的交换，必须树立以顾客为中心的现代经营理念。湖南传统村落老字号必须走在时代前沿，利用政府的优惠政策，积极开发新的旅游相关产品，走多元化、可持续发展的道路。然而，这些老字号因为其分散、规模小，不能在短时间内转变思路，在需求不断变动中坚持以顾客需求为中心，有意识地调整自己的经营行为，从而导致了一系列不适应市场的情况。

湖南传统村落的老字号应当在保有自身特色的基础上，突破地域性，有走出去的理念；要具有经营意识，不但要走出村落，还要有走出湖南的思想。这就需要大力宣传，并且具有鲜明的品牌标识。所以应当利用一切可以利用的传播媒介，大力推广，使人们充分了解湖南地区传统村落的老字号，尤其要针对年轻消费核心群体。同时也要使这些湖南传统村落的老字号品牌更加鲜明。这样不仅会吸引湖南本地的顾客，也会吸引外来顾客来此感受村落的文化和民俗。

五、因地制宜，优化资源配置

湖南传统村落文化资源保护和开发与其他省份相比是较为滞后的。虽然湖南的少数民族文化多元且丰富，文化资源开发较普遍，但是湖南传统村落文化资源却没有通过市场的作用转化为丰富的资本，没有体现出湖南传统村落文化自身独有的价值和作用。湖南传统村落文化资源作为一种特殊的资源构成，具有与自然资源不同的特征，即复杂性、传承性以及不确定性，需要根据村落文化资源的特点，因地制宜地采取不同的开发策略。

首先，湖南传统村落文化资源要兼顾历史、社会、经济三者。深入挖掘湖南传统村落文化的历史价值，然后通过传统村落文化资源的物态转换，提升文化资源本身的附加值，使文化资源的功能最大化，使其具有文化传承、形象塑造、民众教化等多层次、全方位的社会功能，让人们感受到村落文化中蕴含的知识体系、思想价值和审美理念。

其次，湖南传统村落文化是具有历史传承性的，同时要与目前的文化创新相结合。湖南传统村落文化是湖南传统文化的核心载体之一，是湖南传统文化的重要体现，是湖南传统文化不断发展的、取之不竭的资源。所以，针对这样的特性，需要在更广泛的领域对传统湖南传统村落文化资源价值再发现，如老字号、饮食民俗、节庆饮食等以及包含在其中文化价值属性，推动传统文化资源向文化资本转化。与此同时，村落具有参与性的特征，要加强注重对文化资源体验性、参与性、互动性的开发，打造湖南传统村落文化品牌；保持湖南传统村落文化资源的永续利用、持续开发与循环发展。

再次，对湖南传统村落文化资源进行分析，从而实现对不同区域村落文化资源的特点、要素予以掌握。进行综合比较，实现整体平衡的组合发展，使湖南传统村落文化资源既有区域性，又有整体性。在优化湖南传统村落文化资源的整体性时，还是要兼顾湖南各个区域传统村落文化的独特塑造和扶持，将不同的传统村落文化内容、文化形式的最优条件整合，使湖南传统村落文化资源价值实现最优化。要做到既深入挖掘湖南区域传统村落文化的文化属性和文化内涵，充分展现和继承湖南文化的优秀传统，又要从实际出发，寻找最适合本地特点的文化资源开发模式，因地制宜地发展有地方特色的文化产业。

最后，村落文化是一个比较复杂的系统，它根植于人的最基本需求之上，所以充满着不确定性，所以要对这样的不确定性予以观照。既强调饮食的整体性特点，同时又能体现村落的独特性，另外要注意农业与村落之间的关联，使之形成一条从农耕文化到民俗文化的文化产业链，充分发挥湖南村落自身地域特色，使不同的文化产业门类协同合作、协调发展。与此同时，在区域空间布局上，要做到切实有效地调查，不盲目上马，避免区域之间的矛盾和重复。另外，建立湖南传统村落的文化圈更需要各个区域合作，使湖南村落文化和湖南农耕文化的产业链能够共生、协作，实现湖南传统村落文化的规模经济效应，从而建立一个大湖南地区村落文化产业园，这样就能更好地良性循环发展，既兼顾村落文化发展，又带动农耕文化发展，同时又能体现湖南传统文化的特色。多重并举，一举多得，形成良性循环的湖南传统村落文化产业。

总之，湖南传统村落是湖南湘文化遗产丰富之地和湖南文明的缩影，是湖南优秀传统文化的根基文脉，有着历史文化、科研教育、建筑艺术、精神传承的多元价值，传承和发扬湖南传统村落的湖湘文化，可以增强湖南文化软实力和民族凝聚力，促进社会主义文化的发展与繁荣，推动建设社会主义文化强国和全面建成小康社会。